小学经典诵读精选

张军芳　主编

山东大学出版社
SHANDONG UNIVERSITY PRESS
·济南·

图书在版编目(CIP)数据

小学经典诵读精选 / 张军芳主编. —济南:山东大学出版社,2024. 1

ISBN 978-7-5607-7955-3

Ⅰ. ①小… Ⅱ. ①张… Ⅲ. ①阅读课—小学—教学参考资料 Ⅳ. ①G624.233

中国国家版本馆 CIP 数据核字(2023)第 198520 号

策划编辑 张彩芸
责任编辑 谭婧婺
封面设计 蓝海文化

小学经典诵读精选
XIAOXUE JINGDIAN SONGDU JINGXUAN

出版发行	山东大学出版社
社　　址	山东省济南市山大南路 20 号
邮政编码	250100
发行热线	(0531)88363008
经　　销	新华书店
印　　刷	济南乾丰云印刷科技有限公司
规　　格	720 毫米×1000 毫米 1/16 18 印张 192 千字
版　　次	2024 年 1 月第 1 版
印　　次	2024 年 1 月第 1 次印刷
定　　价	78.00 元

《小学经典诵读精选》

编委会

前　言

国学经典，是古人留给我们的一杯清茗，品不尽人生的喜怒哀乐；国学经典，是圣贤留给我们的一曲绝唱，唱不尽人性的是非善恶；国学经典，是历史留给我们的一幅画卷，绘不尽人间的悲欢离合。诵读国学经典，让民族精神在我们的血脉中流淌；诵读国学经典，让民族文化支撑我们人格的脊梁；诵读国学经典，让天地大美撼动我们心灵的深处。

《小学生经典诵读精选》是济南高新区丰奥嘉园小学“单元整合式”小学语文教学法研究的成果之一。本书遵循部编版小学语文教材“注重中华民族优秀传统文化传承”的原则，打通课本教学与课外阅读、积累的联系，实现课内外教学资源的融合。既增加了学生的古诗词积累量，又充分发挥了部编版教材训练体系的作用。

这套国学经典读本，根据不同年级学生语言能力的发展水平，选择了相对应的诵读内容，旨在循序渐进地让学生得到传统文化的浸润，传承和弘扬中华民族优秀传统文化，激发学生对中华优秀文化和祖国语言文字的学习和热爱。

就让我们跟随古代文人的脚步，向着远方出发！

张军芳

2023 年 5 月

目 录

二年级

经典诵读精选 小学

三年级

四年级

五年级

一年级

一年级

四季时令·春
传统节日·春节
地名览胜·济南
山水田园·山
名家名篇·李白
趣味生活·美食
深情厚谊·亲情
文言古韵·小古文

四季时令·春

春是山间跳动的仙子，是泉里畅游的精灵，是似剪刀的风，是润如酥的雨，是暖阳，是啼鸣，是太阳下破土的萌芽，一阵春风一阵醉，一地春雨一地花。

早春

［宋］白玉蟾

南枝才放两三花，雪里吟香弄粉些①。
淡淡著②烟浓著③月，深深笼水浅笼沙。

注释

①弄粉些：欣赏梅花洁白的颜色。“些”（suò）为句末语气助词。
②③著：同“着”，附着。

春风

［清］袁枚

春风如贵客①，一到便②繁华。
来扫③千山雪，归留万国花。

注释

①贵客：尊贵的客人。

②便：就。

③扫：除去，消融。

绝句

［宋］志南

古木阴中系短篷[①]，杖藜[②]扶我过桥东。
沾衣欲湿杏花雨[③]，吹面不寒杨柳风。

注释

①短篷（péng）：小船。篷是船帆，船的代称。

②杖藜（lí）：即藜杖，藜茎做的拐杖。藜是一种一年生草本植物，茎杆直立，长老了可做拐杖。

③杏花雨：清明前后杏花盛开时节的雨。

城东早春

［唐］杨巨源

诗家清景在新春，绿柳才黄[①]半未匀。
若待上林[②]花似锦，出门俱是看花人。

注释

①才黄：刚刚露出嫩黄的柳眼。

②上林：上林苑，故址在今陕西省西安市西，建于秦代，汉武帝时加以扩充，为汉宫苑。诗中用来代指唐朝京城长安。

春风

[唐] 白居易

春风先发苑中梅，樱杏桃梨次第①开。
荠花②榆荚③深村里，亦道春风为我来。

注释

①次第：依次，按照顺序或以一定顺序，一个接着一个。
②荠（jì）花：荠菜花。
③榆荚（jiá）：榆树的果实，呈扁圆形，也称“榆钱”。

桃花

[唐] 元稹

桃花浅深处，似匀深浅妆①。
春风助肠断，吹落白衣裳。

注释

①妆：妆容。

春雪

[唐] 韩愈

新年都未有芳华①，二月初惊②见草芽。
白雪却嫌春色晚，故穿庭树作飞花。

注释

①芳华：泛指芬芳的花朵。

②惊：新奇，惊讶。

江畔独步寻花七绝句（其五）

［唐］杜甫

黄师塔前江水东，春光懒困倚微风。
桃花一簇①开无主②，可③爱深红爱浅红？

注释

①簇（cù）：丛。

②无主：没有主人，无人照管，此处指无人观赏。

③可：到底，究竟。

晚春

［唐］韩愈

草树知春不久归，百般红紫斗芳菲。
杨花①榆荚无才思②，惟解漫天作雪飞。

注释

①杨花：指柳絮。

②才思：才华和能力。

春日偶成

［宋］程颢

云淡风轻近午天①，傍花随柳过前川。
时人不识予心乐，将谓②偷闲③学少年。

注释

①午天：指中午的太阳。
②将谓：就以为。
③偷闲：忙中抽出空闲的时间。

传统节日·春节

春节，即中国农历新年，一般指正月初一，是一年的第一天。春节是中华民族最隆重的传统节日，也象征团结、兴旺，是对未来寄托新希望的佳节。在春节期间，汉族和很多少数民族都要举行各种活动以示庆祝。这些活动均以祭祀神佛、祭奠祖先、除旧布新、迎禧接福、祈求丰年为主要内容。活动丰富多彩，带有浓郁的民族特色。

守岁

［唐］李世民

暮景斜芳殿①，年华丽②绮宫。
寒辞去冬雪，暖带入春风。
阶馥③舒梅素，盘花④卷烛红。
共欢新故岁，迎送一宵中。

注释

①芳殿：华丽的宫殿。
②丽：使动用法，使……美丽。
③馥（fù）：香气。
④盘花：这里指供品。

除夜

［唐］白居易

病眼少眠非守岁①，老心多感又临春。
火销灯尽天明后，便是平头②六十人。

注释

①守岁：又称“守岁火”“照岁”等，俗名“熬年”。新年前除夕夜晚守岁，民俗活动主要表现为点岁火、守岁火，即所有房子都遍燃灯烛，阖家欢聚，迎接新年。

②平头：用在数字前面，表示整数。

除夜

［宋］陆游

守岁全家夜不眠，杯盘狼藉①向灯前。
相看更觉光阴速②，笑语逡巡③即隔年④。

注释

①狼藉（láng jí）：乱七八糟。

②速：形容时间过得快。

③逡巡（qūn xún）：顷刻，不一会儿。

④隔年：指新的一年到来。

除夜雪

［宋］陆游

北风吹雪四更初，嘉瑞①天教②及岁除③。
半盏屠苏犹未举，灯前小草写桃符。

注释

①瑞：指瑞雪。
②天教：天赐。
③岁除：除夕。

元日

［宋］辛弃疾

老病忘时节，空斋①晓尚眠②。
儿童唤翁起，今日是新年。

注释

①空斋（zhāi）：指空寂安静的书房。斋，多指书房、学舍。此处突出一“空”字，言孤独寂寞之状。
②晓尚眠：天色已亮，仍卧床未起。

除夜作

［唐］高适

旅馆寒灯独不眠，客心①何事转凄然②。
故乡今夜思千里，霜鬓③明朝又一年。

注释

①客心：客居他乡的诗人自己的心事。

②凄（qī）然：凄凉悲伤。

③霜鬓（shuāng bìn）：白色的鬓发。

除夜宿石头驿

［唐］戴叔伦

旅馆谁相问，寒灯独可亲。
一年将尽夜，万里未归人。
寥落[1]悲前事，支离笑此身。
愁颜与衰鬓，明日又逢春。

注释

①寥（liáo）落：稀少，冷落，此处有孤独、寂寞之意。

客中除夕

［明］袁凯

今夕为何夕，他乡说故乡。
看人儿女大，为客岁年长。
戎马[1]无休歇，关山[2]正渺茫。
一杯柏叶酒，未敌[3]泪千行。

注释

①戎马：指军事行动、战乱。

②关山：关口和山岳，这里代指故乡。

③未敌：不能阻挡，这里指止不住流泪。

田家元日

［唐］孟浩然

昨夜斗回北①，今朝岁起东。
我年已强仕②，无禄尚忧农。
桑野就③耕父，荷锄随牧童。
田家占气候，共说此年丰。

注释

①回北：指北斗星的斗柄从指向北方转而指向东方。古人认为北斗星斗柄指东，天下皆春。

②强仕（shì）：强仕之年，即四十岁。

③就：靠近。

除夕

［明］于谦

今宵是除夕，明日又新年。
爆竹惊残梦，寒镫①照独眠。
风霜催腊尽，梅柳得春先。
抚景情无限，那能不怅然②。

注释

①镫（dēng）：同“灯”，指油灯。

②怅然：形容因不如意而不痛快的样子。

地名览胜·济南

天下泉城，因水而生，因泉灵动。济南是“日日扁舟藕花里，有心长作济南人”，是“家家泉水，户户垂杨”，也是“俯仰林泉绕舍清，经年闲卧济南城”，更是“四面荷花三面柳，一城山色半城湖”。怀着这些诗词歌赋带来的遐想，让我们来曲水亭街感受小桥流水的江南景致，在各式各样古朴厚重的胡同小巷感受杨柳拂面的舒适安逸。

黄河之南、大明湖畔的“泉城”济南，有七十二名泉，自古就有“家家泉水，户户垂杨”之誉。趵突泉为七十二泉之首，黑虎泉、五龙潭、珍珠泉亦久负盛名。济南山灵水秀，人才辈出，唐代大诗人杜甫曾在历下亭写下“海右此亭古，济南名士多”的佳句。“济南名士”有中医科学的奠基人扁鹊，阴阳五行学派代表人物邹衍，唐代名臣房玄龄，中国著名文学家李清照、辛弃疾、张养浩、李开先，中国公共图书馆首倡者周永年，著名建筑师魏祥，等等。另外，李白、杜甫、苏轼、曾巩等杰出的诗人、词人，都先后在济南生活游历。

陪李北海宴历下亭（节选）

［唐］杜甫

东藩驻皂盖[1]，北渚[2]凌清河。
海右此亭古，济南名士多。

注释

①皂盖：古代车上的黑色篷盖。皂，黑色。

②北渚（zhǔ）：指历下亭北边水中的小块陆地。

古风（其二十）（节选）

［唐］李白

昔我游齐都，登华不注峰[1]。
兹山何峻秀，绿翠如芙蓉。
萧飒古仙人，了知[2]是赤松。
借予一白鹿，自挟两青龙。
含笑凌倒景，欣然愿相从。

注释

①华不注峰：华山，地处济南市区东北角。

②了知：明知，领悟。

趵突泉

［元］赵孟頫

泺水发源天下无，平地涌出白玉壶。
谷虚久恐元气泄，岁旱不愁东海枯。
云雾润蒸华不注，波涛声震[1]大明湖。
时来泉上濯[2]尘土，冰雪满怀清兴孤。

注释

①震：震荡。

②濯（zhuó）：洗涤，清洗。

题解飞卿山水卷

［金］元好问

平生鱼鸟最相亲，梦寐①烟霞卜四邻。
羡杀②济南山水好，几时真作卷中人。

注释

①梦寐（mèi）：睡梦，梦中。
②羡（xiàn）杀：羡慕。

济南（其一）

［明］顾炎武

落日天边见二峰①，平临湖②上出芙蓉。
西来水窦③缘王屋，南去山根接岱宗④。
积气苍茫含斗宿，馀波瀺灂⑤吐鱼龙。
还思北海亭中客，胜会良时不可逢。

注释

①二峰：指千佛山和华山。
②湖：指大明湖。
③水窦（dòu）：水道。
④岱宗：泰山。
⑤瀺灂（chán zhuó）：沉浮。

山水田园·山

山是故乡的守望，是旅人的依恋，夕阳西下，暮色沉沉，看远方重山，心旷神怡，思绪万千。

登鹳雀楼

［唐］王之涣

白日依山尽①，黄河入海流。
欲穷②千里目，更上一层楼。

注释

①尽：消失。

②穷：尽，使达到极点。

蜀道难（其二）

［南北朝］萧纲

巫山七百里，巴水①三回曲②。
笛声下复高，猿啼断还续。

注释

①巴水：指三峡中的长江水，因处古三巴地，故名。

②三回曲：水流弯曲，长江在四川、重庆一带曲折颇多。“三”是约数，表示很多的意思。

山中

［唐］王勃

长江悲已滞①，万里念将归。
况属②高风晚，山山黄叶飞。

注释

①滞（zhì）：淹留。水流不通畅。

②况属：何况是。

从军行七首（其四）

［唐］王昌龄

青海长云暗雪山，孤城遥望玉门关①。
黄沙百战穿金甲，不破楼兰②终不还。

注释

①玉门关：汉置边关名，在今甘肃省敦煌市北境。

②楼兰：汉时西域国名，即鄯善国，在今新疆维吾尔自治区鄯善县东南一带。

条山苍

［唐］韩愈

条山①苍，河水黄。
浪波沄沄②去，松柏在高冈。

注释

①条山：中条山，在今山西省南部，黄河北岸，唐朝名山，许多诗人都在此题诗。

②沄（yún）沄：形容波浪滔滔。

游山西村（节选）

［宋］陆游

莫笑农家腊酒浑，丰年留客足鸡豚①。
山重水复②疑无路，柳暗花明又一村。

注释

①足鸡豚（tún）：意思是准备了丰盛的菜肴。

②山重水复：一座座山、一道道水重叠盘曲。

鸟鸣涧①

［唐］王维

人闲桂花落，夜静春山空②。
月出惊山鸟，时鸣春涧中。

注释

①鸟鸣涧（jiàn）：鸟儿在山涧中鸣叫。

②空：空寂，空空荡荡，空虚。这里形容山中寂静无声，好像空无所有。

登飞来峰

［宋］王安石

飞来山上千寻塔，闻说①鸡鸣见日升。
不畏浮云②遮望眼③，自缘身在最高层。

注释

①闻说：听说。

②浮云：在山间浮动的云雾。

③望眼：视野。

峨眉山月歌

［唐］李白

峨眉山月半轮秋①，影入平羌②江水流。
夜发③清溪向三峡，思君不见下④渝州。

注释

①半轮秋：半圆的秋月，即上弦月或下弦月。

②平羌（qiāng）：青衣江，在峨眉山东北。源出四川芦山，流经乐山汇入岷江。

③发：出发。

④下：顺流而下。

长相思

［宋］林逋

吴山[①]青，越山[②]青，两岸青山相送迎，谁知离别情？

君泪盈，妾泪盈，罗带同心结未成，江头潮已平。

注释

①吴山：泛指钱塘江北岸的山，此地古代属吴国。

②越山：泛指钱塘江南岸的山，此地古代属越国。

名家名篇·李白

他是盛世里耀眼的天才，是唐诗星空中最亮的星，也是一生挣扎向上的普通人——他，就是李白。我们无法见到千年前的明月，但是千年以后李白的诗却成为中国人的明月与故乡。

李白生活在盛唐时期，他性格豪迈，热爱祖国山河，写出了大量赞美祖国名山大川的壮丽诗篇。他的诗，既豪迈奔放，又清新脱俗，而且想象丰富，语言轻快，人们称他为“诗仙”。他曾豪饮美酒，“举杯邀明月，对影成三人”，也曾攀上高峰，看那“飞流直下三千尺，疑是银河落九天”。他的足迹遍及大江南北，他与山川为友，“相看两不厌，唯有敬亭山”，他与时间赛跑，“朝辞白帝彩云间，千里江陵一日还”。他的诗里有祖国的山水虫鸟，也有长安街上的少年……他的诗里，藏着半个盛唐。

秋浦①歌（其十五）

［唐］李白

白发三千丈，缘愁似个长。
不知明镜里，何处得秋霜②。

注释

①秋浦（pǔ）：唐时属池州郡，故址在今安徽省池州市贵池区西南。
②秋霜：秋天的白霜。这里形容头发白如秋霜。

闻王昌龄左迁龙标遥有此寄

［唐］李白

杨花①落尽子规②啼，闻道龙标③过五溪。
我寄愁心与明月，随君直到夜郎西。

注释

①杨花：柳絮。
②子规：杜鹃鸟，相传其啼声哀婉凄切。
③龙标：诗中指王昌龄。

清平调（其一）

［唐］李白

云想衣裳花想容，春风拂槛①露华浓②。
若非群玉山头见，会向瑶台月下逢。

注释

①槛（jiàn）：栏杆。
②露华浓：牡丹花沾着晶莹的露珠更显艳丽。

清平调（其三）

［唐］李白

名花①倾国两相欢，常得君王带笑看。
解释②春风③无限恨，沉香亭北倚阑干④。

注释

①名花：牡丹花。

②解释：消除。

③春风：指唐玄宗。

④阑（lán）干：栏杆。

春夜洛城闻笛

［唐］李白

谁家玉笛暗飞声，散入春风满洛城①。
此夜曲中闻折柳，何人不起故园情②。

注释

①洛城：洛阳城，今河南省洛阳市。

②故园情：怀念故乡的情感。

春思

［唐］李白

燕草①如碧丝，秦桑②低绿枝。
当君怀归日，是妾断肠时。
春风不相识，何事入罗帏。

注释

①燕草：指燕地的草。燕，今河北省北部一带，泛指北部边地，征夫所在之所。

②秦桑：秦地的桑树。秦，今陕西省一带，此指思妇所在之地。

登新平楼

［唐］李白

去国[①]登兹楼，怀归伤暮秋。
天长落日远，水净寒波流。
秦云起岭树，胡雁飞沙洲。
苍苍[②]几万里，目极令人愁。

注释

①去国：离开国都。
②苍苍：一片深青色，这里指旷远迷茫的样子。

谢公亭[①]

［唐］李白

谢亭离别处，风景每生愁。
客散[②]青天月，山空碧水流。
池花春映日，窗竹夜鸣秋。
今古一相接，长歌怀旧游。

注释

①谢公亭：又称“谢亭”，是为了纪念曾任宣城太守的谢朓而建，故址在今安徽省宣城市城北敬亭山。

②客散：客人离开。

山中问答

［唐］李白

问余[1]何意栖[2]碧山，笑而不答心自闲。
桃花流水窅然[3]去，别有天地非人间。

注释

①余：我，诗人自指。
②栖：居住。
③窅（yǎo）然：指幽深、深远的样子。

月下独酌四首（其一）

［唐］李白

花间一壶酒，独酌[1]无相亲。
举杯邀明月，对影成三人。
月既不解饮，影徒[2]随我身。
暂伴月将[3]影，行乐须及春。
我歌月徘徊，我舞影零乱。
醒时相交欢，醉后各分散。
永结无情游，相期邈[4]云汉。

注释

①独酌（zhuó）：一个人饮酒。
②徒：徒然，白白的。
③将：和，共。
④邈（miǎo）：遥远。

趣味生活·美食

四方食事，不过一碗人间烟火。跨越高山、河流、海洋，不同的土地，有着不同的美食，诗人们从未停止寻找美食的脚步，在不同的风味中迸发灵感，穿越四季和山川，绽放出相同的热爱。

惠州一绝

［宋］苏轼

罗浮山下四时春，卢橘①杨梅次第新。
日啖②荔枝三百颗，不辞长作岭南人。

注释

①卢橘：指枇杷。

②啖（dàn）：吃。

吴中友人惠蟹（节选）

［宋］宋祁

秋水江南紫蟹生，寄来千里佐吴羹①。
楚人欲使衷留甲，齐客何妨死愿烹②。

注释

①吴羹（gēng）：吴人所做的羹，以味美著称，常指美味佳肴。

②烹（pēng）：煮。

入滇[1]得食物三种

［清］田雯

罗池[2]柑子十分黄，洱海弓鱼二寸长。
为补滇蛮风土记，香梨更比木瓜香。

注释

①滇：云南省。

②罗池：池名。在今广西壮族自治区柳州市。

初到黄州（节选）

［宋］苏轼

长江绕郭[1]知鱼美，好竹连山觉笋香。
逐客不妨员外[2]置，诗人例作水曹郎[3]。

注释

①郭：外城。

②员外：本指正员以外的官员，后因此类官职可以捐买，故富豪皆称“员外”。

③水曹郎：官名，隶属水部的郎官。

上元竹枝词

［清］符曾

桂花香馅裹胡桃，江米①如珠井水淘。
见说马家②滴粉③好，试灯④风里卖元宵。

注释

①江米：糯米的别称。

②马家：指当时北京城里著名的元宵店铺马思远家。

③滴粉：将磨好的米浆装入细布袋内压干水分。

④试灯：元宵风俗，元宵节前一天会把第二天要用的灯先点亮试试，谓之“试灯”。这一天也称为“试灯日”。

浣溪沙

［宋］苏轼

细雨斜风作晓寒，淡烟疏柳媚①晴滩。入淮清洛渐漫漫。

雪沫乳花②浮午盏，蓼茸蒿笋③试春盘。人间有味是清欢。

注释

①媚：美好。

②雪沫乳花：形容煎茶时上浮的白泡。

③蓼（liǎo）茸（róng）蒿（hāo）笋：蓼茸指蓼菜嫩芽，蒿笋指莴笋。

淮上渔者

［唐］郑谷

白头波①上白头翁，家逐船移浦浦②风。
一尺鲈鱼新钓得，儿孙吹火荻③花中。

注释

①白头波：江上的白波。
②浦：江边，岸边。
③荻（dí）：生长在水边的草本植物，形状像芦苇。

小集食藕极嫩

［宋］杨万里

比雪犹松在，无丝可得飘。
轻拈①愁欲碎，未嚼已先销②。

注释

①拈（niān）：用手指夹或捏。
②销：同“消”。

偈颂①七十六首（其五十六）

［宋］释师观

万里无寸草，衲僧②何处讨。
蘸雪吃冬瓜，谁知滋味好。

注释

①偈颂（jì sòng）：佛经中的唱颂词。

②衲（nà）僧：和尚，僧人。

初夏即事十二解（其六）

［宋］杨万里

密有花红绿刺长，似来作伴石榴芳。
金樱①身子玫瑰脸，更吃饧枝②蜜果香。

注释

①金樱：石榴的别名。

②饧（xíng）枝：一种油煎食品。

深情厚谊·亲情

在诗意的生活中，从来都不缺少亲情。古代的很多诗人，都把他们对父母的养育之恩以及身为游子对家和母亲的思念与牵挂写进了诗里。亲情，是人世间不求回报的关爱。亲情如雨露，让人学会爱和感恩。

乍归九首（其二）

［宋］刘克庄

儿童娱[①]膝下，母子话[②]灯前。
却忆江湖上，家书动隔年。

注释

①娱：玩耍，嬉闹。

②话：谈笑，谈话。

思母

［元］与恭

霜殒芦花[①]泪湿衣，白头无复倚柴扉[②]。
去年五月黄梅雨，曾典袈裟籴[③]米归。

注释

①霜殒（yǔn）芦花：寒霜把芦花摧残。芦花，后世专以芦花代指母爱。

②倚柴扉：指母亲倚门望儿。

③籴（dí）：买入粮食谷物。

晒旧衣

［清］周寿昌

卅[①]载绨袍[②]检尚存，领襟虽破却余温。
重缝不忍轻移拆，上有慈亲旧线痕。

注释

①卅（sà）：三十。

②绨袍（tí páo）：用粗绨制造的袍子。绨，丝织物类名。

十五夜望月

［唐］王建

中庭[①]地白[②]树栖鸦，冷露[③]无声湿桂花。
今夜月明人尽望，不知秋思落谁家。

注释

①中庭：庭中，庭院中。

②地白：指月光照在庭院地上的样子。

③冷露：秋天的露水。

杂诗三首（其二）

［唐］王维

君自故乡来，应知故乡事。
来日[1]绮窗[2]前，寒梅著花未[3]？

注释

①来日：来的时候。
②绮（qǐ）窗：雕画花纹的窗户。
③著花未：开花了吗？著，同“着”。

别老母

［清］黄景仁

搴帏[1]拜母河梁[2]去，白发愁看泪眼枯。
惨惨柴门[3]风雪夜，此时有子不如无。

注释

①搴帏（qiān wéi）：掀起门帘，出门。
②河梁：桥，代指送别地。
③柴门：树枝做成的门，指代贫苦人家。

送二兄入蜀

［唐］卢照邻

关山[1]客子[2]路，花柳帝王城。
此中一分手，相顾怜[3]无声。

注释

①关山：这里指入蜀的关隘山川。

②客子：旅居异地的人，这里指二兄，即诗人的二哥。

③怜：关切同情。

将母

［宋］王安石

将母邗沟①上，留家白纻②阴。
月明闻杜宇③，南北总关心。

注释

①邗（hán）沟：在今江苏省境内。

②白纻（zhù）：指白纻山，在太平州，今安徽省马鞍山市当涂县县城东南两公里处。

③杜宇：杜鹃。

人日思归

［隋］薛道衡

入春①才七日，离家已二年。
人归落②雁后，思发在花前。

注释

①入春：把春节当成春天开始，故言“入春”。

②落：落在……后面。

立春日感怀

［明］于谦

年去年来白发新，匆匆马上①又逢春。
关河②底事空留客？岁月无情不贷人。
一寸丹心图报国，两行清泪为思亲。
孤怀激烈难消遣，谩把金盘簇③五辛④。

注释

①马上：指在征途或在军队里。

②关河：关山河川，这里指边塞。

③簇（cù）：攒聚。

④五辛：指五种辛味的菜。《本草纲目》：“元旦、立春，以葱、蒜、韭、蓼蒿、芥辛嫩之叶杂和食之，取迎新之意，谓之五辛盘。”

文言古韵·小古文

世代流传下来的古文蕴含中华文明的精华，凝聚了古圣先贤的智慧。接触和学习古文就是接受中华博大精深文化的熏陶，不仅可以提升学识，还可以开拓视野，获得认知美、感受美、创造美的能力。下面，让我们一起感受小古文的魅力吧！

放风筝①

青草地，放风筝。汝②前行，吾③后行。

注释

①选自民国《女子国文教科书》。

②汝：你。

③吾：我。

乡村①

乡间农家，竹篱茅屋，临水成村。水边杨柳数株②，中央桃李，飞燕一双，忽高忽低，来去甚捷③。

注释

①选自民国《女子国文教科书》。

②数株：几棵。

③捷：敏捷。

芦花[1]

水滨[2]多芦荻[3]。秋日开花，一片白色，西风吹来，花飞如雪。

注释

①选自民国《女子国文教科书》。

②滨：水边；近水的地方。

③芦荻：芦苇。

猫捕鱼[1]

缸中有金鱼，一猫伏[2]缸上，欲[3]捕食之，失足坠水中，急跃起，全身皆湿。

注释

①选自民国《女子国文教科书》。

②伏：身体向前靠在物体上；趴。

③欲：想要。

龟兔竞走[1]

龟与兔竞[2]走，兔行速，中道而眠，龟行迟，努力不息[3]。及兔醒，则龟已先至矣。

注释

①选自民国《女子国文教科书》。

②竞：比赛。

③息：歇息，休息。

日月星[1]

日则有日，夜则有月，夜又有星。三者之中，日最明[2]，月次[3]之，星又次之。

注释

①选自民国《女子国文教科书》。

②明：亮。

③次：列或占第二位。

论语（节选）[1]

子曰："学而不思则罔[2]，思而不学则殆[3]。"

注释

①选自《论语·为政》。

②罔：迷惑而无所得。

③殆：通“怠”，疑惑、疲惫。

论语（节选）[1]

子曰：“由！诲[2]汝知之乎！知之为知之，不知为不知，是知[3]也。”

注释

①选自《论语·为政》。

②诲：教。

③知：通“智”，智慧。

雨[1]

今日天阴，晓[2]雾渐浓，细雨如丝。天晚雨止[3]，风吹云散，明月初出。

注释

①选自民国《女子国文教科书》。

②晓：早晨。

③止：停。

望梅止渴[1]

魏武行役[2]，失汲道[3]，军皆[4]渴，乃令曰：“前有大梅林，饶子，甘酸可以解渴。”士卒闻之，口皆出水，乘此得及前源。

注释

①选自《世说新语·假谲》。

②行役：部队行军。

③失汲（jí）道：找不到取水的途径。

④皆：全都。

二年级

二年级

四季时令·春

春姑娘悄悄地把冬的胡子藏了起来，她踮着脚尖轻轻地到来了。春天的天空是那么湛蓝，春天的树叶是那么翠绿，春天是无法比拟的，它是一幅富有诗意的山水画。春日，阳光那么明媚温暖，万物复苏，一片生机，描写春天的诗句从心中悠然溢出。

桑茶坑①道中

［宋］杨万里

晴明风日雨干时，草满花堤②水满溪。
童子柳阴眠正着，一牛吃过柳阴③西。

注释

①桑茶坑：地名，在今安徽省宣城市泾县。
②草满花堤：此处倒装，即花草满堤。
③柳阴：柳下的阴影。

新雷

［清］张维屏

造物①无言却有情，每于寒尽觉春生。
千红万紫安排著②，只待新雷③第一声。

注释

①造物：指天，古人认为天创造万物。

②著：妥当，明显。

③新雷：初春的雷声。

如梦令[1]·春景

［宋］秦观

莺嘴啄花红溜[2]，燕尾点波绿皱[3]。
指冷玉笙[4]寒，吹彻小梅[5]春透。
依旧，依旧，人与绿杨俱瘦。

注释

①如梦令：词牌名。

②溜：滑落。此处指花朵、花瓣飘落。

③皱：水波泛起涟漪。

④玉笙：珍贵的管乐器。

⑤小梅：乐曲名。

兰溪棹歌

［唐］戴叔伦

凉月[1]如眉挂柳湾，越中山色镜中看。
兰溪[2]三日桃花雨[3]，半夜鲤鱼来上滩。

注释

①凉月：新月。

②兰溪：兰溪江，也称兰江，浙江富春江上游一支流。

③桃花雨：江南春天桃花盛开时下的雨。

出郊

[明] 杨慎

高田①如楼梯，平田如棋局。
白鹭忽飞来，点破②秧针③绿。

注释

①高田：指沿着山坡开垦的田畦，又叫梯田。

②点破：打破。

③秧针：水稻始生的秧苗。

立春偶成

[宋] 张栻

律回①岁晚②冰霜少，春到人间草木知。
便觉眼前生意③满，东风吹水绿参差④。

注释

①律回：大地回春的意思。

②岁晚：年终。

③生意：生机、生气。

④参差：高低不齐，不一致。此处形容水面波纹起伏的样子。

雨后池上

［宋］刘攽

一雨池塘水面平，澹磨①明镜照檐楹②。
东风忽起垂杨舞，更作③荷心万点声。

注释

①澹磨：磨平。此处指水面像刚磨过的镜子，能“照”出池边的房屋，即房屋的倒影在池面清晰可见。

②檐楹：这里指房屋。

③更作：化作。

夜月

［唐］刘方平

更深①月色半人家，北斗阑干②南斗斜。
今夜偏知③春气暖，虫声新透④绿窗纱。

注释

①更深：夜深。古时计算时间，一夜分成五更。

②阑干：这里指横斜的样子。

③偏知：才知道，表示出乎意料。

④新透：第一次透过。

天净沙[1]·春

［元］白朴

春山暖日和风，阑干楼阁帘栊[2]，杨柳秋千院中。
啼莺舞燕，小桥流水飞红[3]。

注释

①天净沙：曲牌名。
②帘栊（lóng）：窗帘和窗户。也泛指门窗的帘子。
③飞红：花瓣飞舞，指落花。

春题湖[1]上

［唐］白居易

湖上春来似画图，乱峰[2]围绕水平铺。
松排[3]山面千重翠，月点[4]波心一颗珠。
碧毯[5]线头[6]抽早稻，青罗裙带展新蒲[7]。
未能抛得杭州去，一半勾留[8]是此湖。

注释

①湖：杭州西湖。
②乱峰：形容山峰很多。
③排：松树排列众多，故称“排”。
④点：明月一轮，故称“点”。
⑤碧毯：指早穗连成一片，就像绿色的地毯一样。
⑥线头：这里指水稻抽穗开的花就像毛毯上的绒头一样。
⑦蒲：香蒲，湖上生长的一种水草。
⑧勾留：停留。

传统节日·元宵节

正月是农历的元月，古人称“夜”为“宵”，正月十五是一年中第一个月圆之夜，所以称正月十五为“元宵节”。公元前180年的正月十五，汉文帝刘恒登基大赦天下。此后每到正月十五，皇帝都要出宫游玩，张灯结彩，与民同乐。和其他传统节日强调“阖家团聚”不同，元宵节更强调“普天同庆”。元宵之夜，大街小巷张灯结彩。人们赏花灯，猜灯谜，将从除夕开始延续的庆祝活动推向又一个高潮，成为世代相沿的习俗。

生查子①·元夕

［宋］欧阳修

去年元夜时，花市灯如昼②。月上柳梢头，人约黄昏后。

今年元夜时，月与灯依旧。不见去年人，泪湿春衫③袖。

注释

①生查（zhā）子：词牌名。

②昼：白天。

③春衫：年少时穿的衣服，也代指年轻时的自己。

正月十五夜

［唐］苏味道

火树银花①合，星桥铁锁开②。
暗尘随马去，明月逐人来。
游伎皆秾李③，行歌尽落梅。
金吾不禁夜，玉漏莫相催。

注释

①火树银花：比喻灿烂绚丽的灯光和焰火，此处特指元宵节的灯景。

②铁锁开：比喻京城开禁。

③秾（nóng）李：此处指观灯歌伎打扮得艳若桃李。

正月十五夜闻京有灯恨不得观

［唐］李商隐

月色灯光满帝都，香车宝辇①隘通衢②。
身闲不睹中兴盛，羞逐乡人赛紫姑③。

注释

①辇（niǎn）：古代用人拉的车，后来多指皇帝、皇后坐的车。

②隘（ài）通衢（qú）：阻碍四通八达的道路。隘，阻碍。衢，道路。

③紫姑：传说中的司厕之神。自唐以来，民间正月十五即有赛紫姑的习俗。

正月十五夜灯

［唐］张祜

千门①开锁万灯明，正月中旬动帝京。
三百内人②连袖舞，一时天上著③词声。

注释

①千门：形容宫殿群建筑宏伟，众多，千门万户。

②内人：宫中歌舞艺伎，称“内人”。

③著：同“着”，犹“有”。此句形容歌声高唱入云，又兼喻歌乐声悦耳动听，宛若仙乐下凡。

京都①元夕

［金］元好问

袨服②华妆着处逢，六街灯火闹儿童。
长衫③我亦何为者，也在游人笑语中。

注释

①京都：指汴京。今属河南开封。

②袨（xuàn）服：盛服，艳服，漂亮的衣服。

③长衫：旧时读书人多穿着长衫。此处与首句“袨服”相对。

十五夜观灯

［唐］卢照邻

锦里开芳宴，兰缸[1]艳早年[2]。
缛彩遥分地，繁光远缀天。
接汉[3]疑星落，依楼似月悬。
别有千金笑，来映九枝前。

注释

①兰缸：亦作“兰釭（gāng）”，指燃兰膏的灯具，亦用以指精致的灯具。兰，兰膏。古时用泽兰炼成的油脂来燃灯，有香气。

②早年：年轻的时候，这里指年轻人。

③汉：银河。

元宵

［清］李调元

元宵争看采莲船，宝马香车拾坠钿[1]。
风雨夜深人散尽，孤灯犹唤卖糖圆。

注释

①拾坠钿（diàn）：捡到有人掉下的首饰。钿，用金银珠宝镶成的花形首饰。

元宵

[明] 唐寅

有灯无月不娱人，有月无灯不算春。
春到人间人似玉，灯烧月下月如银。
满街珠翠游村女，沸地笙歌赛社神[1]。
不展芳尊[2]开口笑，如何消得此良辰。

注释

①社神：土地神。古代每逢社日（分春社、秋社两种）有祭祀土地神祈祝丰收的习俗。

②尊：古代盛酒器具。

元夕[1]无月（其二）

[清] 丘逢甲

三年此夕月无光，明月多应在故乡。
欲向海天寻月去，五更飞梦渡鲲洋[2]。

注释

①元夕：农历正月十五之夜。

②鲲（kūn）洋：指台湾海峡。

元夕

［清］施闰章

燕台①夜永鼓逢逢，蜡炬②金樽③烂漫红。
列第侯王灯市里，九衢士女月明中。
玉箫唱遍江南曲，火树能焚塞北风。
惟有清光④无远近，他乡故国此宵同。

注释

①燕台：黄金台，相传为战国时燕昭王所筑。这里借指演奏场地。
②蜡炬（là jù）：蜡烛。
③金樽（zūn）：中国古代盛酒的器具。
④清光：指月光。

地名览胜·北京

北京是一座有悠久历史的古都，在不同的朝代有着不同的称谓，大致算起来有蓟城、燕都、幽州、燕京、大都、北平、京师等二十多个称谓。历代文人墨客游览此地的风景名胜，留下不少诗词佳句，一起来看看那些有关北京的诗词！

登幽州台歌

［唐］陈子昂

前[1]不见古人，后不见来者。
念天地之悠悠[2]，独怆然[3]而涕下！

注释

①前：过去。
②悠悠：形容时间的久远和空间的广阔。
③怆（chuàng）然：悲伤凄恻的样子。

石景山东望

［清］玄烨

车书混一业无穷，井邑[1]山川今古同。
地镇峻嶒[2]标异秀，凤城遥在白云中。

注释

①井邑：城镇或乡村。

②崚嶒（léng céng）：形容山势高耸突兀。

殿前欢[1]·大都[2]西山

［元］唐毅夫

冷云间，夕阳楼外数峰闲。等闲[3]不许俗人看，雨髻烟鬟[4]。

倚西风十二阑，休长叹。不多时暮霭风吹散，西山看我，我看西山。

注释

①殿前欢：曲牌名。

②大都：元首都，即今北京。

③等闲：寻常。

④雨髻（jì）烟鬟（huán）：形容西山诸峰像烟雨笼罩着的少女的环形发髻。

燕京四时歌

［明］徐祯卿

春

天柳垂丝拂建章，银冰千片落金塘。

烟花万国行人度，遥指蓬莱春日光。

夏

暑殿金泉枕碧山，清凉楼阁五台间。

赤日不行葱岭北，雪花长绕玉门关。

秋

蓟门桑叶落滹沱[①]，代北浮云鸿雁多。
莫向云中传尺素，空将明月对嚬蛾[②]。

冬

葡萄新酒泼流霞，十月燕山雪作花。
天子后庭夸玉树，昭君胡服拂琵琶。

注释

①滹（hū）沱：水名，即滹沱河，在河北省西部，源自山西。
②嚬（pín）蛾：微皱的眉头。

北京八咏（节选）

［明］胡俨

其一　居庸迭翠

雄关积翠倚岧峣[①]，碧树经霜叶未凋。
万里风烟通紫塞，四时云雾近青霄。
层城宥[②]山连雉，绝涧霏微石作桥。
南北车书今混一，行人来往岂辞遥。

其七　卢沟晓月

半轮斜月隐青山，山色微茫马上看。
水际石梁云影淡，沙中茆[③]屋夜灯残。
鸡声唱晓星将落，雀羽翻林露正寒。
举首神京东望近，天边红日上金盘。

其八　金台夕照

独上高台斜日红，遥天极目思无穷。
迢迢[④]关塞微茫外，簇簇[⑤]山河锦绣中。
鸿雁数声催暝[⑥]色，牛羊几处散秋风。
黄金销尽人何在，青史传来事不空。

注释

①岧峣（tiáo yáo）：山高峻貌。

②窅霭（yǎo ǎi）：深远幽暗。

③茆（máo）：同“茅”，茅草。

④迢（tiáo）迢：遥远的样子。

⑤簇簇：一丛丛，一堆堆。

⑥暝（míng）：本义是天色昏暗，后来引申为日落、黄昏。

山水田园·山

大自然的鬼斧神工赋予山以灵性，或俊秀，或巍峨，或张扬，或沉静。大川名山、小丘孤岗，各具特色，尽显个性。让我们一起走进自古以来沉醉于山的魅力的文人墨客的精神世界，感受不同的山姿风采。

咏华山

［宋］寇准

只有天在上，更无山与齐①。
举头红日近，回首②白云低。

注释

①与齐："与之齐"的省略，即没有山和华山齐平。
②回首：这里作低头，与"举头"相对应。

登泰山

［元］张养浩

风云一举到天关，快意生平有此观。
万古齐州①烟九点，五更沧海日三竿。

向来井处②方知隘，今后巢居亦觉宽。
笑拍洪崖咏新作，满空笙鹤③下高寒。

注释

①齐州：济南。

②井处：居处狭隘。

③笙鹤：传说仙鹤从天而降，仙人乘鹤在笙乐声中升天而去。

游钟山

［宋］王安石

终日看山不厌①山，买山终待老山间。
山花落尽山长在，山水空流山自闲。

注释

①厌：通“餍”，满足。此处指看不够。

晓行望云山

［宋］杨万里

霁①天欲晓未明间，满目奇峰总可观②。
却有一峰忽然长，方知③不动是真山。

注释

①霁（jì）：雨后或雪后天色放晴。

②可观：壮观。

③方知：才知道。

凉州词二首（其一）

［唐］王之涣

黄河远上[1]白云间，一片孤城万仞山。
羌笛何须怨杨柳，春风不度[2]玉门关[3]。

注释

①远上：远远向西望去。

②不度：吹不到。

③玉门关：汉武帝置，因西域输入玉石取道于此而得名。故址在今甘肃省敦煌市西北小方盘城，是古代通往西域的要道。

山中

［唐］王维

荆溪白石出，天寒红叶稀。
山路元[1]无雨，空翠[2]湿人衣。

注释

①元：原，本来。

②空翠：指青色的潮湿烟雾。

独秀峰

［清］袁枚

来龙去脉[1]绝无有，突然一峰插南斗。
桂林山形奇八九，独秀峰尤冠其首。

三百六级登其巅，一城烟火来眼前。
青山尚且直如弦，人生孤立何伤②焉？

注释

①来龙去脉：旧时堪舆（风水先生）以山势为龙，以山势起伏连绵为龙脉。

②伤：妨碍。

柏林寺南望

［唐］郎士元

溪上遥闻精舍①钟，泊舟微径度②深松。
青山霁后云犹在，画出东南四五峰。

注释

①精舍：佛寺，此处指柏林寺。

②度：度过，越过。

题卢处士山居

［唐］温庭筠

西溪问樵客①，遥识楚人家。
古树老连石，急②泉清露沙。
千峰随雨暗，一径③入云斜。
日暮飞鸦集，满山荞麦花。

注释

①樵（qiáo）客：出门打柴的人。

②急：湍急。

③径：小路。

湖口望庐山瀑布泉

［唐］张九龄

万丈洪泉[①]落，迢迢[②]半紫氛。
奔飞流杂树，洒落出重云。
日照虹霓似，天清风雨闻。
灵山多秀色，空水共氤氲[③]。

注释

①洪泉：亦作“红泉”，指瀑布。

②迢迢：遥远的样子，在此形容瀑布之长。

③氤氲（yīn yūn）：形容水气弥漫流动。

名家名篇·杜甫

杜甫是唐代伟大的现实主义诗人，他的诗歌对中国古典诗歌的发展影响深远，他被后人称为“诗圣”。杜甫的一生屡遭坎坷，他与逆境奋争，把家国情怀融入他的作品中，他的诗歌或沉郁顿挫，或雄浑奔放，或清新细腻，或平易质朴……千百年来深深打动着读者的心，成为古往今来美好诗篇的象征。让我们走近杜甫，聆听杜甫内心的声音！

绝句二首（其二）

［唐］杜甫

江碧鸟逾[1]白，山青花欲燃。
今春看又过，何日[2]是归年[3]？

注释

①逾（yú）：通“愈”，更加。
②何日：什么时候。
③归年：回去的时候。

闻①官军收河南河北

［唐］杜甫

剑外②忽传收蓟北③，初闻涕泪满衣裳。
却看妻子愁何在，漫卷诗书喜欲狂。
白日放歌须纵酒，青春作伴好还乡。
即从巴峡穿巫峡，便下襄阳向洛阳。

注释

①闻：听说。

②剑外：剑门关以南，这里指四川。

③蓟北：泛指唐代幽州、蓟州一带，今河北省北部地区，是安史叛军的根据地。

江畔独步寻花七绝句（其六）

［唐］杜甫

黄四娘家花满蹊①，千朵万朵压枝低。
留连②戏蝶时时舞，自在娇③莺恰恰④啼。

注释

①蹊（xī）：小路。

②留连：留恋，舍不得离去。

③娇：可爱的样子。

④恰恰：象声词，形容鸟叫声和谐动听。一说“恰恰”为唐时方言，恰好之意。

赠花卿

［唐］杜甫

锦城①丝管②日纷纷③，半入江风半入云。
此曲只应天上有，人间能得几回闻。

注释

①锦城：锦官城，即成都。

②丝管：弦乐器和管乐器，这里泛指音乐。

③纷纷：形容乐曲轻柔悠扬。

秋兴八首（其一）

［唐］杜甫

玉露①凋伤枫树林，巫山巫峡气萧森。
江间波浪兼天涌，塞上风云接地阴。
丛菊两开他日泪，孤舟一系故园心。
寒衣处处催刀尺②，白帝城高急暮砧③。

注释

①玉露：秋天的霜露，因其白，故以玉喻之。

②催刀尺：指赶裁冬衣。

③急暮砧（zhēn）：指黄昏时分家家户户捣衣声十分急促。砧，捣衣石。

赠卫八处士（节选）

［唐］杜甫

人生不相见，动如参与商①。
今夕复何夕，共此灯烛光。
少壮能几时，鬓发各已苍②。
访旧半为鬼，惊呼热中肠。

注释

①参（shēn）与商：二星名。参星居于西方酉位（下午五点到七点），商星居于东方卯位（上午五点到七点）。

②苍：灰白色。

登岳阳楼

［唐］杜甫

昔闻洞庭水，今上岳阳楼。
吴楚东南坼①，乾坤日夜浮。
亲朋无一字，老病有孤舟。
戎马②关山北，凭轩③涕泗流④。

注释

①坼（chè）：分裂。

②戎马：战争。

③凭轩：靠着窗户。

④涕泗流：眼泪禁不住地流淌。

月夜忆舍弟

［唐］杜甫

戍鼓①断人行②，边秋③一雁声。
露从今夜白，月是故乡明。
有弟皆分散，无家问死生。
寄书长不达，况乃④未休兵。

注释

①戍（shù）鼓：戍楼上的更鼓。戍，驻防。

②断人行：指鼓声响起后就开始宵禁。

③边秋：边塞的秋天。一作“秋边”，秋天的边地。

④况乃：何况是。

前出塞九首（其六）

［唐］杜甫

挽弓当挽强，用箭当用长①。
射人先射马，擒贼先擒王。
杀人亦有限，列国自有疆。
苟能②制侵陵③，岂④在多杀伤。

注释

①长：指长箭。

②苟能：如果能。

③侵陵：侵犯。

④岂：难道。

蜀相

［唐］杜甫

丞相祠堂[①]何处寻？锦官城[②]外柏森森[③]。
映阶碧草自春色，隔叶黄鹂空好音。
三顾频烦[④]天下计，两朝开济[⑤]老臣心。
出师[⑥]未捷身先死，长使英雄泪满襟。

注释

①丞相祠（cí）堂：诸葛武侯祠，在今成都市，晋李雄初建。

②锦官城：成都的别名。

③柏（bǎi）森森：柏树茂盛繁密的样子。

④频烦：犹“频繁”，多次。

⑤两朝开济：指诸葛亮辅助刘备开创帝业，后又辅佐刘禅。两朝，指刘备、刘禅父子两朝。开，开创。济，扶助。

⑥出师：出兵。

趣味生活·游戏

游戏对每个人来说，都是童年时代最美好的回忆。古人虽然没有今天种类繁多的玩具，但那时人们置身于大自然，亲近山川，玩得最多的是垂钓、牧牛、放风筝、捉蛐蛐等。让我们从浩瀚的古诗词里，去寻找古人喜欢的游戏吧！

宿新市徐公店

［宋］杨万里

篱落疏疏[①]一径深，树头新绿未成阴[②]。
儿童急走[③]追黄蝶，飞入菜花无处寻。

注释

①疏疏：稀疏。
②阴：树叶茂盛浓密而形成的树荫。
③急走：奔跑。走，跑的意思。

宋宫蹴鞠图

［明］顾清

甲马[①]营中五色光，天将一统付真王。
后园踏鞠宁为戏，犹有萧娘卧榻傍。

注释

①甲马：铠甲和战马。

风鸢[1]图诗

［明］徐渭

柳条搓线絮搓棉，搓够千寻[2]放纸鸢。
消得[3]春风多少力，带将[4]儿辈上青天。

注释

①风鸢（yuān）：风筝。
②寻：古代的长度单位，以八尺为一寻。千寻极言其长。
③消得：消耗，耗费。
④带将：带领。

风筝

［清］孔尚任

结伴儿童裤褶红，手提线索骂天公[1]。
人人夸你春来早，欠我风筝五丈风。

注释

①天公：指天，天气。

闲居初夏午睡起（其一）

［宋］杨万里

梅子留酸软齿牙[①]，芭蕉分绿[②]与窗纱。
日长睡起无情思[③]，闲看儿童捉柳花。

注释

①软齿牙：一作“溅齿牙”，指梅子的酸味渗透牙齿。

②芭蕉分绿：芭蕉的绿色映照在纱窗上。

③无情思：没有情绪，指无所适从，不知做什么好。

清平乐[①]·村居

［宋］辛弃疾

茅檐低小，溪上青青草。醉里吴音相媚好[②]，白发谁家翁媪[③]？

大儿锄豆溪东，中儿正织鸡笼。最喜小儿亡赖[④]，溪头卧剥莲蓬。

注释

①清平乐（yuè）：词牌名。

②相媚好：指相互逗趣、取乐。

③翁媪（ǎo）：老翁、老妇。

④亡（wú）赖：这里指小孩顽皮、淘气。亡，通“无”。

村晚

［宋］雷震

草满池塘水满陂[1]，山衔落日浸寒漪[2]。
牧童归去横牛背，短笛无腔[3]信口吹。

注释

①陂（bēi）：池塘的岸。
②寒漪（yī）：水上波纹。
③腔：曲调。

观游鱼

［唐］白居易

绕池闲步[1]看鱼游，正值儿童弄钓舟。
一种爱鱼心各异，我来施食[2]尔[3]垂钓。

注释

①闲步：散步。
②施食：丢食，喂食。
③尔：你，指小孩。

夜书所见

［宋］叶绍翁

萧萧[1]梧叶送寒声，江上秋风动客情[2]。
知有儿童挑[3]促织[4]，夜深篱落一灯明。

注释

①萧萧：风声。

②客情：旅客思乡之情。

③挑（tiǎo）：挑弄、引动。

④促织：俗称蟋蟀，有的地区又叫蛐蛐。

观村童戏溪上

［宋］陆游

雨余① 溪水掠堤平，闲看村童戏晚晴。
竹马② 踉蹡③ 冲淖④ 去，纸鸢跋扈⑤ 挟风鸣。
三冬暂就儒生学，千耦⑥ 还从父老耕。
识字粗堪⑦ 供赋役，不须辛苦慕公卿。

注释

①雨余：雨后。

②竹马：儿童游戏，折竹骑以当马也。桓温少时，与殷浩共乘竹马。

③踉蹡（liàng qiàng）：跌跌撞撞，行步歪斜貌。

④淖（nào）：泥坑。

⑤跋扈（bá hù）：这里指横冲直撞。

⑥千耦（ǒu）：指农忙景象。

⑦粗堪（kān）：勉强能够。

情深厚谊·亲情

亲情，就像一颗蜜糖，给你甜蜜的味道；亲情，就像沙漠中的一汪清泉，在你困难的时候帮助你；亲情，就像一艘轮船，载着你起程远航。

墨萱图

［元］王冕

萱草①生北堂②，颜色鲜且好。
对之有余欢，背之那可道？
人子孝顺心，岂在荣与槁③？
昨宵天雨霜，江空岁华老。
游子未能归，感慨心如捣。

注释

①萱草：萱草花，又名忘忧草。

②北堂：指母亲的居室。

③槁（gǎo）：枯干。

岁暮到家

［清］蒋士铨

爱子心无尽，归家喜及辰。
寒衣针线密，家信墨痕新。
见面怜清瘦，呼儿问苦辛。
低徊①愧人子，不敢叹风尘②。

注释

①低徊（huí）：迂回曲折。这里形容复杂的心情。

②风尘：这里指的是旅途的劳累辛苦。

邯郸①冬至②夜思家

［唐］白居易

邯郸驿③里逢冬至，抱膝灯前影伴身。
想得家中夜深坐，还应说着远行人。

注释

①邯郸：地名，今河北省邯郸市。

②冬至：农历二十四节气之一。在十二月下旬，这天白天最短，夜晚最长。古代冬至有全家团聚的习俗。

③驿（yì）：驿站，古代传递公文、转运官物或出差官员途中歇息的地方。

归家

［唐］杜牧

稚子牵衣问，归来何太迟？
共谁争岁月，赢得鬓边丝[1]？

注释

①鬓（bìn）边丝：双鬓上的银发。

春望

［唐］杜甫

国[1]破山河在，城春草木深。
感时花溅泪，恨别鸟惊心。
烽火[2]连三月，家书抵万金。
白头搔更短，浑欲不胜簪。

注释

①国：国都，指长安，今陕西省西安市。
②烽火：古时边防报警的烟火，这里指安史之乱的战火。

渡汉江

［唐］宋之问

岭外[1]音书[2]断，经冬复历春。
近乡情更怯，不敢问来人[3]。

注释

①岭外：指我国南方五岭以南的广大地区，通常称“岭南”。

②书：信。

③来人：渡汉江时遇到的从家乡来的人。

次①北固山②下

［唐］王湾

客路青山外，行舟绿水前。
潮平两岸阔，风正一帆悬。
海日生残夜，江春入旧年。
乡书何处达，归雁洛阳边。

注释

①次：旅途中暂时停宿，这里是停泊的意思。

②北固山：在今江苏镇江北，三面临长江。

秋思

［唐］张籍

洛阳城里见秋风，欲作家书意万重。
复恐匆匆说不尽，行人①临发又开封②。

注释

①行人：指送信的人。

②开封：把封好的信拆开。

寄黄几复①

［宋］黄庭坚

我居北海君南海，寄雁传书谢不能②。
桃李春风一杯酒，江湖夜雨十年灯。
持家但有四立壁，治病不蕲③三折肱④。
想得读书头已白，隔溪猿哭瘴溪藤。

注释

①黄几复：黄介，字几复，南昌人，是黄庭坚少年时的好友。
②“寄雁”句：传说雁南飞时不过衡阳回雁峰，更不用说岭南了。
③蕲（qí）：同“祈”，祈求。
④肱（gōng）：上臂。古代有三折肱而为良医的说法。

七步诗

［三国魏］曹植

煮豆燃豆萁①，豆在釜②中泣。
本是同根生，相煎③何太急？

注释

①萁（qí）：豆类植物脱粒后剩下的茎。
②釜：锅。
③煎：煎熬，比喻迫害。

文言古韵

著名语言文学家、教育家王力先生在《古代汉语》中指出："文言是指以先秦口语为基础而形成的上古汉语书面语言以及后来历代作家仿古的作品中的语言。"让我们感受一下古代语言的魅力吧！

《三字经》（节选）

礼乐射，御书数。古六艺，今不具。
惟书学，人共遵。既识字，讲说文。
有古文，大小篆。隶草继，不可乱。
若广学，惧其繁。但略说，能知原。
凡训蒙，须讲究。详训诂，明句读。

《百家姓》（节选）

赵钱孙李，周吴郑王。
冯陈褚卫，蒋沈韩杨。
朱秦尤许，何吕施张。
孔曹严华，金魏陶姜。

《千字文》（节选）

天地玄黄，宇宙洪荒。
日月盈昃，辰宿列张。
寒来暑往，秋收冬藏。
闰余成岁，律吕调阳。

郑人买履①

［战国］韩非

郑人有欲买履者②，先自度其足，而置之其坐。至之市，而忘操之。已得履，乃曰："吾忘持度。"反归取之。及反，市罢，遂不得履。人曰："何不试之以足？"曰："宁信度，无自信也。"

注释

①选自《韩非子》。

②一作"郑人有且置履者"。

译文

从前有一个郑国人，想去买一双鞋子，于是事先量了自己的脚的尺码，然后把量好的尺码放在自己的座位上。到了集市，却忘了带上尺码。挑好了鞋子，才发现："我忘了带尺码。"就返回家中拿尺码。等到他返回集市的时候，集市已经散了，他最终没有买到鞋子。有人问他："当时怎么不用你的脚来试鞋呀？"他说："我宁可相信尺码，也不会相信自己的脚。"

精卫填海[1]

又北二百里，曰发鸠之山，其上多柘木，有鸟焉，其状如乌，文首，白喙，赤足，名曰精卫，其鸣自詨(xiào)。是炎帝之少女，名曰女娃。女娃游于东海，溺而不返，故为精卫，常衔西山之木石，以堙（yīn）于东海。漳水出焉，东流注于河。

注释

选自《山海经·北山经》。

译文

再向北走二百里，有座山叫发鸠山，山上长了很多柘树。树林里有一种鸟，它的形状像乌鸦，头上羽毛有花纹，白色的嘴，红色的脚，名叫精卫，它的叫声像在呼唤自己的名字。这其实是炎帝的小女儿，名叫女娃。有一次，女娃去东海游玩，溺水身亡，再也没有回来，后来化身为精卫鸟，经常叼着西山上的树枝和石块，想用来填塞东海。浊漳河就发源于发鸠山，向东流去，注入黄河。

矛与盾[1]

［战国］韩非

楚人有鬻（yù）盾与矛者，誉之曰："吾盾之坚，物莫能陷也。"又誉其矛曰："吾矛之利，于物无不陷也。"或曰："以子之矛，陷子之盾，何如?"其人弗能应也。夫不可陷之盾与无不陷之矛，不可同世而立。

注释

①选自《韩非子》，有改动。

译文

有一个楚国人，既卖盾又卖矛。他夸耀自己的盾，说："我的盾坚固无比，没有什么东西能够穿透它。"又夸耀自己的矛，说："我的矛锋利极了，任何坚固的东西都穿得透。"有人问他："如果用您的矛刺您的盾，结果会怎么样呢？"那人张口结舌，一句话也回答不上来。什么都不能刺穿的盾与什么都能刺穿的矛，不可能同时存在于这个世界上。

学弈①

［战国］孟子

弈秋，通国之善弈者也。使弈秋诲二人弈，其一人专心致志，惟弈秋之为听；一人虽听之，一心以为有鸿鹄将至，思援弓缴（zhuó）而射之。虽与之俱学，弗若之矣。为是其智弗若与？曰：非然也。

注释

①选自《孟子·告子上》。

译文

弈秋是全国最擅长下棋的人。弈秋教导两个人下棋，其中一人专心致志地学习，只听弈秋的教导；另一个人虽然也在听弈秋的教导，却一心以为有大雁要飞来，想要拉弓箭将它射下来。虽然他们二人一起学习下棋，但后者的棋艺不如前者好。难道是因为后者的智力比别人差吗？回答：不是这样的。

五官争功①

口与鼻争高下。口曰："我谈今古是非，尔何能居我上？"鼻曰："饮食非我不能辨。"眼谓鼻曰："我近鉴豪端，远察天际，惟我当先。"又谓眉曰："尔有何功居我上？"眉曰："我虽无用，亦如世有宾客，何益主人？无即不成礼仪。若无眉，成何面目？"

注释

①选自《唐语林》卷六。

译文

嘴巴和鼻子争上下。嘴巴说："我能谈论古今对错，你有什么能耐待在我上面？"鼻子说："饮料食物没有我不能分辨的。"眼睛对鼻子说："我近可以观察毫毛尖端，远可以观察到天边，只有我排名应该最先。"（眼睛）又对眉毛说："你有什么功劳待在我的上面？"眉毛说："我虽然没有什么用途，也就如世上的宾客，对主人有什么益处呢？但是没有就不符合礼节仪式。如果没有眉毛，成什么面目了啊？"

松

松，大树也。叶状如针。性耐冷，虽至冬日，其色常青。干长而巨，可以造桥，可以造屋。

译文

松树，是一种高大的树木。叶子的形状像针一样。本性耐得住寒冷，即使到了冬天，叶子也不凋落，四季常青。松树的枝干又长又粗壮，既可以用来建造桥梁，也可以用来建造房屋。

桂

庭中种桂，其叶常绿。秋时开花，或深黄，或淡黄。每遇微风，浓香扑鼻，人咸爱之。花落，取以和① 糖，贮于瓶中，虽历久而香甚烈。

注释

①和（huò）：搅拌。

译文

庭院中种桂树，它的叶常绿。秋天时开花，或呈深黄色，或呈淡黄色。微风吹来，浓浓的香味扑鼻，人们都喜欢它的香气。花落了，取一些和糖，装在瓶子里，虽然等的时间久但香气更强烈。

三年级

三年级

四季时令·夏
传统节日·清明
地名览胜·苏杭
山水田园·水
名家名篇·白居易
趣味生活·童真
深情厚谊·友情
文言古韵

四季时令·夏

可爱的夏天来了，轻柔的风儿给人带来热情和活力，七色的彩虹挂在天空中，那云彩可真是五彩斑斓。此时此刻，你若乘上一叶扁舟，泛舟于莲叶之间，就会发现景色别有一番情趣。让我们一起跟随作者去体味夏天那迷人的美吧！

山亭夏日

［唐］高骈

绿树阴浓[1]夏日长，楼台倒影入池塘。
水晶帘[2]动微风起，满架蔷薇一院香。

注释

①浓：指树丛的阴影很深。

②水晶帘：比喻晶莹华美的帘子。

纳凉

［宋］秦观

携杖来追柳外凉，画桥南畔倚胡床[1]。
月明船笛参差[2]起，风定池莲自在香。

注释

①倚胡床：倚，坐靠。胡床，古时一种可以折叠的轻便坐具，人所坐的面不是木板，而是可卷折的布或类似物。

②参差：不一致，不整齐。这里形容笛声抑扬飘忽。

夏日山中

［唐］李白

懒摇白羽扇，裸袒[1]青林[2]中。
脱巾挂石壁，露顶洒松风。

注释

①裸袒（tǎn）：裸，赤身。

②青林：指山中树木苍翠，遮天蔽日。

夏夜追凉

［宋］杨万里

夜热依然午热同，开门小立[1]月明中。
竹深树密虫鸣处，时[2]有微凉只是风。

注释

①小立：暂时站立住。

②时：不时地。

夏意

［宋］苏舜钦

别院[1]深深夏簟[2]清，石榴开遍透帘明。
树阴满地日当午，梦觉[3]流莺时一声。

注释

①别院：正宅之外的宅院。

②夏簟（diàn）：夏天用的竹席。

③觉：睡醒。

子夜吴歌·夏歌

［唐］李白

镜湖[1]三百里，菡萏发荷花。
五月西施采，人看隘若耶[2]。
回舟不待月，归去越王家。

注释

①镜湖：一名鉴湖，在今浙江省绍兴市东南。

②若耶：若耶溪，在今浙江省绍兴市境内。溪旁旧有浣纱石古迹，相传西施浣纱于此，故又名“浣纱溪”。

池上早夏

［唐］白居易

水积春塘晚，阴交夏木繁。
舟船如野渡[①]，篱落[②]似江村。
静拂琴床席，香开酒库门。
慵闲无一事，时弄小娇孙。

注释

①野渡：荒落之处或村野的渡口。
②篱落：篱笆。

客中初夏

［宋］司马光

四月清和[①]雨乍晴，南山当户转分明。
更无柳絮因风起，惟[②]有葵花向日倾。

注释

①清和：天气清明而和暖。
②惟：仅有，只有。

初夏

［宋］朱淑真

竹摇清影罩幽窗，两两时禽噪[①]夕阳。
谢却[②]海棠飞尽絮，困人天气日初长。

注释

①噪：聒噪，吵扰。

②谢却：凋谢。

夏日杂诗

［清］陈文述

水窗低傍画阑开，枕簟萧疏①玉漏②催。
一夜雨声凉到梦，万荷叶上送秋来。

注释

①萧疏：凉爽之意。

②玉漏：指玉做的计时器。

传统节日·清明

中华五千年农耕文明，浸透在脚下每一寸土地里，镌刻在节气的风云雨雪阴晴华表上。二十四节气，清明最难忘。清明雨，似离人泪，泪洒江天。

清明夜

[唐] 白居易

好风胧月清明夜，碧砌①红轩刺史家。
独绕回廊②行复歇，遥听弦管暗看花③。

注释

①砌（qì）：台阶。
②回廊：回旋的走廊。
③看花：赏花。

清明

[宋] 王禹偁

无花无酒过清明，兴味①萧然似野僧。
昨日邻家乞新火②，晓窗③分与读书灯。

注释

①兴味：兴致，趣味。

②乞新火：向邻舍借来新的火种。

③晓窗：清晨的窗户。

清明即事

[唐] 孟浩然

帝里①重清明，人心自愁思。
车声上路合，柳色东城翠。
花落草齐生，莺飞蝶双戏。
空堂坐相忆，酌茗②聊代醉。

注释

①帝里：京都。

②茗（míng）：茶。

苏堤清明即事

[宋] 吴惟信

梨花风①起正清明，游子寻春半出城。
日暮笙歌②收拾去，万株杨柳属③流莺。

注释

①梨花风：古代认为从小寒到谷雨有二十四番应花期而来的风，梨花风为第十七番花信风，梨花风后不久即是清明。

②笙歌：乐声，歌声。

③属：归于。

壬戌①清明作

［清］屈大均

朝作轻寒暮作②阴，愁中不觉已春深。
落花有泪因风雨，啼鸟无情自古今。
故国江山徒梦寐，中华人物又销沉。
龙蛇四海归无所，寒食年年怆③客心。

注释

①壬戌：康熙二十一年（1682 年）。

②作：此处指天气变化。

③怆：悲伤。

清明日对酒

［宋］高翥

南北山头多墓田，清明祭扫各纷然①。
纸灰飞作白蝴蝶，泪血染成红杜鹃。
日落狐狸眠冢②上，夜归儿女笑灯前。
人生有酒须当醉，一滴何曾到九泉③。

注释

①纷然：众多繁忙的意思。

②冢（zhǒng）：坟墓。

③九泉：指人死后埋葬的地方。

采桑子[1]·清明上巳[2]西湖好

[宋] 欧阳修

清明上巳西湖好，满目繁华。争道谁家，绿柳朱轮[3]走钿车。

游人日暮相将[4]去，醒醉喧哗。路转堤斜，直到城头总是花。

注释

①采桑子：词牌名。

②上巳：节气名，古时以阴历三月上旬巳日为上巳，这一天人们多到水边嬉游，以消除不祥。

③朱轮：漆着红色的轮子。汉制，太守所乘之车，以红漆涂轮。

④相将：相随，相携，即手牵手。

清明日狸渡道中

[宋] 范成大

洒洒沾巾雨，披披[1]侧帽风。
花燃山色里，柳卧水声中。
石马[2]立当道，纸鸢鸣半空。
墦[3]间人散后，乌鸟正西东。

注释

①披披：散乱的样子。

②石马：古代帝王官僚墓前神道两旁之石兽。

③墦（fán）：坟墓。

清明日园林寄友人

［唐］贾岛

今日清明节，园林胜①事偏。
晴风吹柳絮，新火起厨烟。
杜草②开三径，文章忆二贤。
几时能命驾，对酒落花前。

注释

①胜：优美的。
②杜草：杜若。

虞美人①·深深庭院清明过

［宋］苏轼

深深庭院清明过。桃李初红破②。柳丝搭在玉阑干。帘外潇潇微雨、做轻寒。

晚晴台榭增明媚。已拼③花前醉。更阑人静月侵廊。独自行来行去、好思量。

注释

①虞美人：词牌名。
②初红破：刚刚绽放花蕾。
③拼：舍弃，不顾惜。

地名览胜·苏杭

谚曰："上有天堂，下有苏杭。"苏杭之美，山清水秀，人杰地灵。而苏杭美景处处呈现诗情画意，充满人文思想，置身其中足以陶冶性情，自得其乐。苏杭也是让文人墨客挥毫泼墨之地，让我们一起走进这些古诗，从诗中感受苏杭之美。

枫桥夜泊

[唐] 张继

月落乌啼[1]霜满天，江枫[2]渔火对愁眠。
姑苏[3]城外寒山寺，夜半钟声到客船。

注释

①乌啼：一说为乌鸦啼鸣，一说为乌啼镇。
②江枫：一般解释作"江边枫树"。
③姑苏：苏州的别称，因城南有姑苏山而得名。

送人游吴

[唐] 杜荀鹤

君到姑苏见，人家尽枕河[1]。
古宫闲地少，水港小桥多。

夜市卖菱藕，春船载绮罗[2]。
遥知未眠月[3]，乡思在渔歌。

注释

①枕河：房屋建在河边，部分架在河面上，形似枕在河上。
②绮罗：指华贵的丝织品或丝绸衣服。
③未眠月：不能成眠的月夜。

题破山寺后禅院

［唐］常建

清晨入古寺，初日[1]照高林。
曲径通幽处，禅房花木深。
山光悦鸟性，潭影空人心。
万籁[2]此俱寂，但余[3]钟磬音。

注释

①初日：早上的太阳。
②万籁：各种声音。
③但余：只留下。

晓出净慈寺送林子方[1]（其一）

［宋］杨万里

出得西湖月尚残，荷花荡[2]里柳行间。
红香世界清凉国，行了南山却[3]北山。

注释

①晓：天刚亮的时候。净慈寺：在杭州西湖南岸，全名“净慈报恩光孝禅寺”，与灵隐寺为杭州西湖南北两大著名佛寺。林子方：林枅，字子方，诗人的朋友，官居直阁秘书。

②荡：浅水湖。

③却：回转。

浣溪沙[①]·倾国倾城恨有余

［唐］薛昭蕴

倾国倾城恨有余，几多红泪泣姑苏，倚风凝睇[②]雪肌肤。

吴主山河空落日，越王宫殿半平芜，藕花菱蔓满重湖[③]。

注释

①浣溪沙：词牌名。

②凝睇（dì）：凝聚目光而视。

③重湖：一个又一个湖泊。

姑苏怀古

［宋］姜夔

夜暗归云绕柁牙[①]，江涵星影鹭眠沙。
行人怅望[②]苏台[③]柳，曾与吴王扫落花。

注释

①柁（duò）牙：船舵。柁，同“舵”。

②怅（chàng）望：惆怅地看或怅然怀想。

③苏台：姑苏台，即吴宫。故址在今江苏省苏州市西南的灵岩山。

乌栖曲[①]·姑苏台上乌栖时

［唐］李白

姑苏台上乌栖时，吴王宫里醉西施。
吴歌楚舞欢未毕，青山欲衔半边日[②]。
银箭金壶[③]漏水多，起看秋月坠江波[④]。
东方渐高[⑤]奈乐何！

注释

①乌栖曲：乐府旧题。

②衔半边日：太阳将要落山。

③银箭金壶：指刻漏，为古代计时工具。铜壶里盛水，壶下有孔，水从孔中滴滴下漏，水中立一支刻有度数的箭，水面逐渐下降，刻度渐露，以此测定时刻。

④秋月坠江波：黎明时的景象。

⑤东方渐高：太阳从东方渐渐升起。

杭州

［宋］谢驿

谁把杭州曲子讴[①]，荷花十里桂三秋。
那知卉木无情物，牵动长江万里愁。

注释

①讴（ōu）：歌唱。

临安春雨初霁

［宋］陆游

世味①年来薄似纱，谁令骑马客京华②。
小楼一夜听春雨，深巷明朝卖杏花。
矮纸③斜行闲作草，晴窗细乳戏分茶。
素衣莫起风尘叹，犹及清明可到家。

注释

①世味：人世滋味，社会人情。
②京华：京城之美称。因京城是文物、人才汇集之地，故称。
③矮纸：短纸、小纸。

题临安邸①

［宋］林升

山外青山楼外楼，西湖歌舞几时休。
暖风熏②得游人醉，直③把杭州作汴州④。

注释

①邸（dǐ）：旅店。
②熏（xūn）：吹，用于温暖馥郁的风。
③直：简直。
④汴州：汴京，今河南省开封市。

山水田园·水

从古至今，水以其深厚的文化底蕴滋润着人心。文人们与水有着不解之缘，频频以水入诗入词，达意传情。高兴有水，失意亦有水，悠悠流水在心中泛起涟漪。让我们跟随作者一起去体味水带来的意境美吧！

白云泉

[唐] 白居易

天平山上白云泉，云自无心[1]水自闲[2]。
何必奔冲山下去，更添波浪向人间。

注释

①无心：舒卷自如。

②闲：从容自得。

将进酒

[唐] 李白

君不见，黄河之水天上来，奔流到海不复回。
君不见，高堂明镜悲白发，朝如青丝暮成雪。

人生得意①须尽欢，莫使金樽空对月。
天生我材必有用，千金散尽还复来。
烹羊宰牛且为乐，会须②一饮三百杯。
岑夫子，丹丘生，将进酒，杯莫停。
与君歌一曲，请君为我倾耳听。
钟鼓馔玉③不足贵，但愿长醉不复醒。
古来圣贤皆寂寞，惟有饮者留其名。
陈王昔时宴平乐，斗酒十千恣欢谑。
主人何为言少钱，径须④沽取对君酌。
五花马，千金裘，呼儿将出换美酒，与尔同销万古愁。

注释

①得意：适意高兴的时候。
②须：应当。
③钟鼓馔玉：指“鸣钟鼓，食珍馐”。形容富贵豪华的生活。
④径须：直须。

春水

［唐］杜甫

三月桃花浪①，江流复旧痕②。
朝来没沙尾③，碧色动柴门。
接缕垂芳饵，连筒④灌小园。
已添无数鸟，争浴故相喧。

注释

①桃花浪：一作“桃花水”，即春水。桃花盛开季节，雨水丰沛，众流汇注，形成一个汛期。

②旧痕：指往年江水最高时在岸边留下的痕迹。

③沙尾：沙岸边末之地。

④连筒：西南一带农家用的圆轮水车。

登楼望水

［唐］顾况

乌啼花发柳含烟，掷却风光忆少年。
更上高楼望[1]江水，故乡何处一归船。

注释

①望：眺望。

归嵩山作

［唐］王维

清川[1]带长薄[2]，车马去[3]闲闲[4]。
流水如有意，暮禽相与还。
荒城临古渡，落日满秋山。
迢递[5]嵩高下，归来且闭关。

注释

①清川：指清清的流水。

②薄：草木丛生之地，草木交错曰“薄”。

③去：行走。
④闲闲：从容自得的样子。
⑤迢递：形容遥远的样子。

竹枝词九首（其二）

［唐］刘禹锡

山桃红花满上头①，蜀江②春水拍山流。
花红易衰③似郎意，水流无限似侬愁。

注释

①上头：山头，山顶上。
②蜀江：古代蜀郡境内的河流，以成都一带为中心。
③衰：凋谢。

离思五首（其四）

［唐］元稹

曾经①沧海难为②水，除却③巫山不是云。
取次④花丛⑤懒回顾，半缘⑥修道半缘君。

注释

①曾经：曾经经过，曾经到临。
②难为：这里指“不足为观”“不值得一观”。
③除却：除去，除了。
④取次：随意，仓促。这里含“时间仓促”或“漫不经心”的意思。
⑤花丛：这里指美貌女子多的地方。
⑥缘：因为。

临江仙·滚滚长江东逝水

［明］杨慎

滚滚长江东逝水①，浪花淘尽②英雄。是非成败转头空。青山依旧在，几度夕阳红。

白发渔樵③江渚④上，惯看秋月春风。一壶浊酒喜相逢。古今多少事，都付笑谈中。

注释

①东逝水：江水向东流去，这里将时光比喻为江水。

②淘尽：荡涤一空。

③渔樵（qiáo）：这里借指隐居不问世事的人。

④渚（zhǔ）：原意为水中的小块陆地，此处意为江岸边。

忆江南（其一）

［唐］白居易

江南好，风景旧曾谙①。日出江花红胜火，春来江水绿如蓝②。能不忆江南？

注释

①谙（ān）：熟悉。

②绿如蓝：绿得胜过蓝草。蓝，蓝草，其叶子可制青绿染料。

于易水①送人

[唐] 骆宾王

此地别燕丹，壮士发冲冠②。
昔时人已没③，今日水犹④寒。

注释

①易水：河流名，也称易河，位于河北省西部的易县境内。此地曾是荆轲刺秦时燕太子丹送别荆轲之处。

②发冲冠：形容人非常愤怒因而头发直立把帽子都冲起来了。

③没：同“殁”，本义指死。

④犹：仍然。

名家名篇·白居易

白居易是唐代著名诗人，他的一生见证了唐朝制度的变迁。他以才学见长，曾科举及第，亲身体验学而优则仕的风光无限，正所谓“慈恩塔下题名处，十七人中最少年”。只可惜宦海沉浮，他游走于三省六部间，后被贬为江州司马，含恨离京。他关注民生，亲眼见证唐朝的衰落与民生之艰难，曾写下诗句“国家定两税，本意在忧人”，“奈何岁月久，贪吏得因循”，揭露两税法的弊端。他以诗歌反映民之疾苦，表达忧民情感，不仅是伟大的现实主义诗人，也是国家、民族不容忽视的灵魂与精神。

后宫词

[唐] 白居易

泪湿罗巾梦不成，夜深前殿按歌声①。
红颜②未老恩先断，斜倚熏笼③坐到明。

注释

①按歌声：依照歌声的韵律打拍子。

②红颜：此指宫女。

③熏笼：覆罩香炉的竹笼，古时一种烘烤和取暖用具，用来熏衣服等。

忆江南（其二）

［唐］白居易

江南忆，最忆是杭州。山寺月中寻桂子[1]，郡亭枕上看潮头[2]。何日更重游？

注释

①桂子：桂花。

②看潮头：钱塘江入海处，有二山南北对峙如门，水被夹束，势极凶猛，为天下名胜。

问刘十九

［唐］白居易

绿蚁[1]新醅[2]酒，红泥小火炉。
晚来天欲雪[3]，能饮一杯无[4]？

注释

①绿蚁：新酿的酒还未滤清时，酒面浮起酒渣，色微绿，细如蚁，称为“绿蚁”。

②醅（pēi）：酿造。

③雪：下雪，这里作动词用。

④无：表示疑问的语气词，相当于“么”或“吗”。

夜雪

［唐］白居易

已讶衾枕①冷，复见窗户明。
夜深知雪重，时闻折竹声②。

注释

①衾（qīn）枕：被子和枕头。
②折竹声：指大雪压折竹子的声音。

钱塘湖春行

［唐］白居易

孤山寺北贾亭西，水面初平①云脚低。
几处早莺争暖树，谁家新燕啄春泥。
乱花渐欲迷人眼，浅草才能没马蹄。
最爱湖东行不足，绿杨阴②里白沙堤。

注释

①水面初平：湖水才同堤岸齐平，即春水初涨。
②阴：同“荫”，指树荫。

南浦别

［唐］白居易

南浦凄凄别①，西风袅袅②秋。
一看肠一断，好去莫回头。

注释

①别：分别，别离。

②袅袅：吹拂，这里形容西风吹拂。

花非花

[唐] 白居易

花非花，雾非雾。
夜半来，天明去。
来如[1]春梦不多时[2]？
去似[3]朝云无觅处。

注释

①来如：来时。

②不多时：短暂美好的。

③去似：去了以后，如早晨飘散的云彩，无处寻觅。

暮江吟

[唐] 白居易

一道残阳[1]铺水中，半江瑟瑟[2]半江红。
可怜[3]九月初三夜，露似真珠月似弓。

注释

①残阳：快落山的太阳。也指夕阳。

②瑟瑟：原意为碧色珍宝，此处指碧绿色。

③可怜：可爱。

大林寺桃花

［唐］白居易

人间四月芳菲尽，山寺桃花始盛开。
长恨①春归无觅处，不知转入此中来。

注释

①长恨：常常惋惜。

村夜

［唐］白居易

霜草①苍苍②虫切切，村南村北行人绝③。
独出前门望野田，月明荞麦花如雪。

注释

①霜草：被秋霜打过的草。

②苍苍：灰白色。

③绝：绝迹。

趣味生活·童真

童年是梦，梦出外婆的桥；童年是桥，接着未来的路；童年是路，踏满成长的脚步。童年是风，吹来朵朵天云；童年是云，化作新春的雨；童年是雨，滋润初生的花；童年是花，伴你暮看晚霞。下面是一些古代小朋友的童年趣事，让我们一起来看看吧！

牧童

［唐］吕岩

草铺①横野②六七里，笛弄③晚风三四声。
归来饱饭黄昏后，不脱蓑衣④卧月明。

注释

①铺：铺开。

②横野：辽阔的原野。

③弄：逗弄，玩弄。

④蓑衣：用草或棕毛编织成的披在身上的防雨用具。

溪居[①]即事[②]

［唐］崔道融

篱外谁家不系[③]船，春风吹入钓鱼湾。
小童疑是有村客，急向柴门去却关[④]。

注释

①溪居：溪边村舍。

②即事：对眼前的事物、情景有所感触而创作。

③系：栓，捆绑。

④去却关：开门。去却，去掉，拿掉。关，门闩。

幼女词

［唐］施肩吾

幼女才六岁，未知巧与拙。
向夜在堂前，学人拜新月[①]。

注释

①拜新月：民间传说，天上的牛郎织女在农历七月七日晚上渡银河相会，因而有年轻姑娘在这天晚上“乞巧”的习俗，即在这天晚上于庭院中摆上果品拜月，请求天上的织女赐给自己以灵巧。新月，指初出的月亮。

寻隐者不遇①

［唐］贾岛

松下问童子②，言③师采药去。

只在此山中，云深④不知处⑤。

注释

①寻：寻访。隐者：隐士，隐居在山林中的人。古代指不肯做官而隐居在山野之间的人，一般指贤士。不遇：没有遇到，没有见到。

②童子：没有成年的人，小孩。在这里指“隐者”的弟子、学生。

③言：回答，说。

④云深：指山上的云雾。

⑤处：行踪，所在。

深情厚谊·友情

友情是一抹芳香，在你遇到困难时带给你信心与勇气；友情是一坛陈年老酒，时间越是长久，越是芳香扑鼻。让我们一起跟随古人，走进友情，寄怀相思。

喜见外弟①又言别②

［唐］李益

十年离乱后，长大一相逢。
问姓惊初见，称名忆旧容。
别来沧海事，语罢暮天钟。
明日巴陵道，秋山又几重。

注释

①外弟：表弟。
②言别：话别。

山中与幽人①对酌②

［唐］李白

两人对酌山花开，一杯一杯复一杯。
我醉欲眠卿且去，明朝有意抱琴来。

注释

①幽人：幽隐之人。

②对酌：相对饮酒。

送杜少府之任蜀州

[唐] 王勃

城阙辅三秦，风烟望五津。
与君离别意，同是宦游①人。
海内存知己，天涯若比邻。
无为②在歧③路，儿女共沾巾。

注释

①宦（huàn）游：指古人出外求官或做官。

②无为：无须，不必。

③歧（qí）路：岔路。

送别

[唐] 王维

山中相送罢，日暮掩①柴扉②。
春草年年绿，王孙归不归？

注释

①掩：关闭。

②柴扉：柴门，用荆条或树枝编扎的简陋的门。

渡荆门送别

［唐］李白

渡远荆门外，来从楚国游。
山随平野①尽，江入大荒②流。
月下飞天镜，云生结海楼。
仍怜故乡水，万里③送行舟。

注释

①平野：平坦广阔的原野。
②大荒：广阔无际的田野。
③万里：喻行程之远。

遇旧友

［清］吴伟业

已过才追问，相看是故人。
乱离①何处见，消息苦难真。
拭眼惊魂定，衔杯笑语频。
移家就吾住，白首两遗民②。

注释

①乱离：指明清之际的战乱。
②遗民：改朝换代后的人。

与夏十二[1]登岳阳楼

[唐] 李白

楼观岳阳尽，川迥洞庭开。
雁引愁心去，山衔好月来。
云间连下榻，天上接行杯[2]。
醉后凉风起，吹人舞袖回[3]。

注释

①夏十二：李白的朋友，排行十二。
②行杯：谓传杯饮酒。
③回：回荡，摆动。

送友人

[唐] 李白

青山横北郭[1]，白水绕东城。
此地一为别，孤蓬万里征[2]。
浮云游子意，落日故人情。
挥手自兹[3]去，萧萧班马[4]鸣。

注释

①郭：古代在城外修筑的一种外墙。
②征：远行。
③兹：这里，此处。
④班马：离群的马，这里指载人远离的马。

送朱大入秦①

［唐］孟浩然

游人②五陵去，宝剑值千金。
分手脱③相赠，平生一片心。

注释

①秦：指长安，今陕西省西安市。

②游人：游子或旅客，此诗指的是朱大。

③脱：解下。

三江小渡

［宋］杨万里

溪水将①桥不复回，小舟犹倚短篙开。
交情得②似山溪渡③，不管风波去又来。

注释

①将：本义为行、进，此处引申为流过。

②得：应该。

③山溪渡：常年设在山中溪水上的摆渡（船）。

文言古韵

古人留下了浩如烟海的经典著作，这些著作是中华五千年文明的载体，而这些古代经典几乎都是古诗文。学习古文不仅可以增强我们的文言阅读能力，提升文学修养和文化底蕴，对于全民族的文化传承也是大有益处的。

盘古开天辟地①

天地混沌②如鸡子，盘古生其中，万八千岁。天地开辟，阳清③为天，阴浊④为地。盘古在其中，一日九变，神于天，圣于地⑤。天日高一丈，地日厚一丈，盘古日长一丈。如此万八千岁，天数极高，地数极深，盘古极长。后乃有三皇。

注释

①选自《三五历纪》。

②混沌：这里指的是天地模糊一团的状态。

③阳清：轻而清的东西上升。

④阴浊：重而浊的东西下沉。

⑤神于天，圣于地：智慧超过天，能力胜过地。

共工怒触不周山①

昔者，共工与颛顼②争为帝，怒而触不周之山，天柱折，地维绝③。天倾西北，故日月星辰移焉；地不满东南，故水潦④尘埃归焉。

注释

①选自《淮南子》。

②颛顼（zhuān xū）：传说中的五帝之一，黄帝的后裔。

③地维绝：系大地的绳索断了。

④水潦（lǎo）：泛指江湖流水。潦，积水。

神农①

古之人民皆食禽兽肉，至于②神农，人民众多，禽兽不足，于是神农因③天之时，分地之利④，制耒耜⑤，教民农作，神而化之，使民宜之，故谓之神农也。

注释

①选自《白虎通》。

②至于：到了。

③因：顺着。

④分地之利：分出各种土地种植什么有利。

⑤耒耜（lěi sì）：古代一种像犁的农具，也用作农具的统称。

夸父逐日[①]

夸父与日逐走，入日[②]；渴，欲得饮，饮于河、渭；河、渭不足，北饮大泽[③]。未至，道渴而死[④]。弃其杖，化为邓林。

注释

①选自《山海经·海外北经》。

②入日：追赶到太阳落下的地方。

③北饮大泽：大湖。传说纵横千里，在雁门山北。北，方位名词用作状语，向北方，向北面。

④道渴而死：半路上因口渴而死。

买椟还珠[①]

［战国］韩非子

楚人有卖其珠于郑者，为木兰之柜，熏以桂椒，缀以珠玉，饰以玫瑰，辑[②]以羽翠。郑人买其椟[③]而还其珠。此可谓善卖椟矣，未可谓善鬻[④]珠也。

注释

①选自《韩非子》。

②辑：通“缉”。连缀。

③椟：木匣。

④鬻：卖。

画蛇添足[1]

［西汉］刘向

楚有祠者[2]，赐其舍人卮酒。舍人相谓曰：“数人饮之不足，一人饮之有余。请画地为蛇，先成者饮酒。”一人蛇先成，引[3]酒且饮之，乃左手持卮[4]，右手画蛇，曰：“吾能为之足。”未成，一人之蛇成，夺其卮曰：“蛇固无足，子安能为之足？”遂饮其酒。为蛇足者，终亡[5]其酒。

注释

①选自《战国策》。

②祠者：主管祭祀的人。

③引：拿；举。

④卮（zhī）：古代盛酒的器皿。

⑤亡：失掉。

对牛弹琴[1]

公明仪为牛弹清角之操[2]，伏食如故。非牛不闻，不合其耳矣。转为蚊虻[3]之声，孤犊[4]之鸣，即掉尾奋耳，蹀躞[5]而听。

注释

①选自《广博物志》。

②清角之操：琴曲《清角》。

③蚊虻：蚊子和牛虻。

④孤犊：无母的小牛。

⑤蹀躞（dié xiè）：踮着小步走动。

狐假虎威[①]

［西汉］刘向

虎求百兽而食之，得狐。狐曰："子无敢食我也！天帝使我长百兽[②]，今子食我，是逆天帝命也。子以我为不信，吾为子先行，子随我后，观百兽之见我而敢不走[③]乎？"虎以为然[④]，故遂与之行。兽见之皆走。虎不知兽畏己而走也，以为畏狐也。

注释

①选自《战国策》。

②长百兽：做百兽的首领。长，做首领。

③走：跑。

④然：是的，对的。

叶公好龙[①]

［西汉］刘向

叶公子高好龙，钩[②]以写龙，凿[③]以写龙，屋室雕文以写龙。于是夫龙闻而下之，窥头于牖[④]，施尾于堂。叶公见之，弃而还走，失其魂魄，五色无主。是叶公非好龙也，好夫似龙而非龙者也。

注释

①选自《新序》。

②钩：衣服上的带钩。

③凿：通“爵”，古代饮酒的器具。

④牖（yǒu）：窗户。

四年级

四年级

四季时令·秋
传统节日·端午
地名览胜·西安
山水田园·水
名家名篇·苏轼
趣味生活·好学
深情厚谊·友情
文言古韵

四季时令·秋

秋天带着落叶的声音来了，天空焕发柔和的光辉，澄清又缥缈，使人想听到一阵高飞的云雀的歌唱，正如望着碧海想看见一片白帆。夕阳是时间的翅膀，当它飞遁时有一刹那极其绚烂的展开。让我们品读古人的文字，一起体会秋天的魅力吧！

水仙子①·夜雨

［元］徐再思

一声梧叶一声秋，一点芭蕉一点愁，三更归梦三更②后。落灯花，棋未收，叹新丰孤馆人留。枕上十年事，江南二老忧，都到心头。

注释

①水仙子：曲牌名。

②三更：指夜半时分。

西江月·阻风山峰下

［宋］张孝祥

满载一船秋色，平铺十里湖光。波神留我看斜阳，放起鳞鳞细浪。

明日风回[1]更好，今宵露宿何妨？水晶宫[2]里奏霓裳[3]，准拟岳阳楼上。

注释

①风回：指风向转为顺风。

②水晶宫：古代传说水中的宫殿。

③霓裳（ní cháng）：《霓裳羽衣曲》，唐代著名宫廷乐舞。

秋风辞

［西汉］刘彻

秋风起兮白云飞，草木黄落兮雁南归。
兰有秀兮菊有芳，携佳人兮不能忘。
泛楼船兮济汾河，横中流[1]兮扬素波[2]。
箫鼓鸣兮发棹歌[3]，欢乐极兮哀情多。
少壮几时兮奈老何！

注释

①中流：中央。

②扬素波：激起白色波浪。

③棹（zhào）歌：船工行船时所唱的歌。棹，船桨。这里代指船。

野望

［唐］王绩

东皋薄暮[1]望，徙倚[2]欲何依。
树树皆秋色，山山唯落晖。

牧人驱犊返，猎马带禽归。
相顾无相识，长歌怀采薇。

注释

①薄暮：傍晚。薄，接近。
②徙倚（xǐ yǐ）：徘徊，来来回回地走。

寄扬州韩绰判官

［唐］杜牧

青山隐隐水迢迢[①]，秋尽江南草未凋[②]。
二十四桥明月夜，玉人何处教吹箫？

注释

①迢迢：一作“遥遥”，指江水悠长遥远。
②草未凋（diāo）：一作“草木凋”。凋，凋谢。

忆江上吴处士

［唐］贾岛

闽国扬帆去，蟾蜍[①]亏复圆。
秋风生渭水，落叶满长安。
此地聚会夕，当时雷雨寒。
兰桡[②]殊[③]未返，消息海云端。

注释

①蟾蜍（chán chú）：癞蛤蟆。神话传说中月里有蟾蜍，所以这里

用它指代月亮。

②兰桡（ráo）：以木兰树做的船桨，这里代指船。

③殊：犹。

宿骆氏亭寄怀崔雍崔衮

［唐］李商隐

竹坞[1]无尘水槛[2]清，相思迢递[3]隔重城。
秋阴不散霜飞晚，留得枯荷听雨声。

注释

①竹坞（wù）：从竹掩映的池边高地。

②水槛（jiàn）：指临水有栏杆的亭榭。此指骆氏亭。

③迢递：遥远的样子。

三五七言[1]

［唐］李白

秋风清，秋月明，
落叶聚还散，寒鸦栖复惊。
相思相见知何日？此时此夜难为情！

注释

①三五七言：一种诗歌体式，全诗三言、五言、七言各两句，因而得名。

题秋江独钓图

［清］王士祯

一蓑一笠①一扁舟②，一丈丝纶③一寸钩。
一曲高歌一樽④酒，一人独钓一江秋。

注释

①蓑笠（suō lì）：蓑衣、笠帽。用草编织成的古时渔家、农民防雨的草衣。

②扁舟：小船。

③丝纶（lún）：丝织编成的钓鱼的绳子。

④樽（zūn）：酒杯。

天净沙①·秋思

［元］马致远

枯藤老树昏鸦②，小桥流水人家，古道西风③瘦马④。夕阳西下，断肠人在天涯。

注释

①天净沙：曲牌名，属越调。又名“塞上秋”。

②昏鸦：黄昏时归巢的乌鸦。昏，傍晚。

③西风：寒冷、萧瑟的秋风。

④瘦马：骨瘦如柴的马。

传统节日·端午

端午节，又称端阳节、龙舟节、重午节、天中节等，日期在每年农历五月初五，是集拜神祭祖、祈福辟邪、欢庆娱乐和饮食于一体的民俗大节。传说战国时期楚国诗人屈原在五月初五跳汨罗江自尽，后人亦将端午节作为纪念屈原的节日。

己酉端午

［明］贝琼

风雨端阳生晦冥[1]，汨罗[2]无处吊[3]英灵。
海榴[4]花发应相笑，无酒渊明[5]也独醒。

注释

①晦冥：昏暗，阴沉。

②汨（mì）罗：汨罗江。

③吊：凭吊，吊祭。

④海榴：石榴，古人以石榴传自海外，故名。

⑤渊明：指陶渊明，东晋诗人。

端午日

［唐］殷尧藩

少年佳节倍多情，老去谁知感慨生。
不效艾符①趋习俗，但祈蒲酒话升平。
鬓丝日日添头白，榴②锦年年照眼明。
千载贤愚③同瞬息，几人湮没几垂名④。

注释

①艾符：艾草和驱邪符。
②榴：石榴花。
③贤愚：圣贤，愚蠢。
④垂名：名垂青史。

端午

［唐］李隆基

端午临中夏，时清日复长。
盐梅①已佐鼎，曲蘖②且传觞③。
事古人留迹，年深缕积长。
当轩知槿茂，向水觉芦香。
亿兆同归寿，群公共保昌。
忠贞如不替，贻④厥⑤后昆芳⑥。

注释

①盐梅：盐和梅子。盐味咸，梅味酸，均为调味所需。亦喻指国

家所需的贤才。

②曲糵（niè）：指酒曲，这里代指酒。

③传觞：传递酒杯劝酒。觞，酒杯。

④贻：赠给，遗留。

⑤厥：文言代词、助词或副词，相当于“其”或“之”。

⑥昆芳：后代有美好的名声。昆，指后代。

端午即事①

［宋］文天祥

五月五日午，赠我一枝艾。
故人不可见，新知万里外。
丹心②照夙昔，鬓发日已改。
我欲从灵均③，三湘隔辽海。

注释

①即事：就眼前之事歌咏。

②丹心：指赤红炽热的心，一般以“碧血丹心”来形容为国尽忠的人。

③灵均：这里指屈原。

和端午

［宋］张耒

竞渡①深悲千载冤，忠魂一去讵②能还。
国亡身殒③今何有，只有《离骚》④在世间。

注释

①竞渡：赛龙舟，端午习俗之一。

②讵（jù）：岂，表示反问。

③殒（yǔn）：死亡。

④《离骚》：战国时楚人屈原的作品。

端午

［唐］文秀

节分端午自谁言，万古[1]传闻为屈原。
堪笑楚江空渺渺，不能洗得直臣[2]冤。

注释

①万古：远古。

②直臣：正直之臣，此处指屈原。

同州端午

［唐］殷尧藩

鹤发[1]垂肩尺许长，离家三十五端阳。
儿童见说深惊讶，却问何方是故乡。

注释

①鹤发：指白发。

小重山[①]·端午

［元］舒頔

碧艾[②]香蒲处处忙。谁家儿共女，庆端阳。细缠五色臂丝[③]长。空惆怅，谁复吊沅湘。

往事莫论量。千年忠义气，日星光。《离骚》读罢总堪伤。无人解，树转午阴凉。

注释

①小重山：词牌名。又名“小重山令”。

②碧艾：绿色的艾草。

③五色臂丝：荆楚风俗，端午节以红、黄、蓝、白、黑五彩丝线系臂，相传这五彩丝线代表着东、西、南、北、中五方神力，可以抵御邪祟灾瘟，人们称之为“长命线”。一说这五彩象征着五色龙，可以降服鬼怪。

端午日礼部宿斋有衣服彩结之贶以诗还答

［唐］权德舆

良辰当五日，偕老祝千年。
彩缕[①]同心[②]丽，轻裾映体鲜。
寂寥[③]斋画省，款曲擘香笺。
更想传觞处，孙孩遍目前。

注释

①彩缕：彩色丝线。

②同心：相同的心愿。

③寂寥：寂静空旷，没有声音。

谢张仲谋端午送巧作

[宋] 黄庭坚

君家玉女[①]从小见，闻道如今画不成。

剪裁[②]似借天女手，萱草[③]石榴偏眼明。

注释

①玉女：对他人之女的美称。

②剪裁：原指裁制衣服，后常比喻大自然对景物的安排。

③萱草：一种植物。

地名览胜·西安

这是一个海纳百川、含蓄而又博大的城市。这片土地上无数的史书典籍、出土文物和古迹遗址都诉说着它的辉煌和沧桑。这座城市就像一部鲜活的流动的历史，在这里不妨用心灵和历史对话，让目光和文化拥抱，这里，就是西安。

晚登三山还望京邑

［南北朝］谢朓

灞涘[1]望长安，河阳视京县。
白日丽飞甍[2]，参差皆可见。
余霞散成绮，澄江静如练。
喧鸟覆春洲，杂英[3]满芳甸。
去矣方滞淫[4]，怀哉罢欢宴。
佳期怅何许，泪下如流霰[5]。
有情知望乡，谁能鬒[6]不变？

注释

①灞涘（bà sì）：灞水的岸边。

②飞甍（méng）：飞檐，房檐上翘，似房脊之翼，故称“飞甍”。

③杂英：各色的花。

④滞淫：久留。
⑤流霰（xiàn）：飞落的雪粒。
⑥鬒（zhěn）：浓密的黑发。

长安旅夜

［唐］许浑

久客怨长夜，西风吹雁声。
云移河汉[1]浅，月泛[2]露华[3]清。
掩瑟独凝思，缓歌空寄情。
门前有归路，迢递洛阳城。

注释

①河汉：一作“河色”，银河。
②泛：这里是广照的意思。
③露华：谓月光。

宿西峰怀旧

［元］刘永之

得失[1]浮云聚散间，陆机先识愧张翰。
无端一派西安水，故作愁声入梦寒。

注释

①得失：成败。

长安秋望

［唐］杜牧

楼倚霜树①外，镜天②无一毫。
南山与秋色，气势③两相高。

注释

①霜树：深秋时节的树。

②镜天：像镜子一样明亮、洁净的天空。

③气势：气概。喻终南山有与天宇比高低的气概。

登科①后

［唐］孟郊

昔日龌龊②不足夸，今朝放荡思无涯。
春风得意③马蹄疾，一日看尽长安花。

注释

①登科：唐朝实行科举考试制度，考中进士称及第，经吏部复试取中后授予官职称登科。

②龌龊（wò chuò）：原意是肮脏，这里指不如意的处境。

③得意：指考取功名，称心如意。

与史郎中饮听黄鹤楼上吹笛

［唐］李白

一为迁客①去长沙，西望长安不见家。
黄鹤楼中吹玉笛，江城五月落梅花②。

注释

①迁客：被贬谪之人。

②落梅花：《梅花落》，古代笛曲名。

子夜吴歌·秋歌

［唐］李白

长安一片月，万户捣衣声。
秋风吹不尽，总是玉关[①]情。
何日平胡虏[②]，良人[③]罢远征。

注释

①玉关：玉门关，此处代指良人戍边之地。

②平胡虏：平定侵扰边境的敌人。

③良人：古时妇女对丈夫的称呼。

杨柳枝词九首（其八）

［唐］刘禹锡

城外春风吹酒旗，行人挥袂[①]日西时。
长安陌上[②]无穷树，唯有垂杨管[③]别离。

注释

①挥袂：挥手告别。

②陌上：道路上。

③管：一作“绾（wǎn）”，系念，挂念。

观胡人吹笛

［唐］李白

胡人吹玉笛，一半是秦声。
十月吴山晓，梅花落敬亭。
愁闻出塞曲，泪满逐臣缨。
却望① 长安道，空怀恋主情。

注释

①却望：再望，回望。

不第后赋菊

［唐］黄巢

待到秋来九月八①，我花开后百花杀②。
冲天香阵透长安，满城尽带黄金甲③。

注释

①九月八：九月九日为重阳节，有登高赏菊的风俗，说“九月八”是为了押韵。

②杀：草木枯萎。

③黄金甲：指金黄色铠甲般的菊花。

山水田园·水

无论是“小桥流水人家”的涓涓细流，“水光潋滟晴方好”的粼粼波光，还是“奔流到海不复回”的滚滚波涛，诗人笔下的水，无一不承载着诗人的情思。让我们跟随诗人的笔触，来一场穿越千年的心灵碰触，寄情山水，品味诗句之美吧。

竹枝词二首（其一）

［唐］刘禹锡

杨柳青青江水平，闻郎江上唱歌声。
东边日出西边雨，道是无晴[①]却有晴。

注释

①晴：与“情”谐音。

题龙阳县[①]青草湖

［元］唐珙

西风吹老洞庭波，一夜湘君[②]白发多。
醉后不知天在水[③]，满船清梦压星河。

注释

①龙阳县：今湖南省常德市汉寿县。

②湘君：湘水之神，一说是巡视南方时死于苍梧的舜。

③天在水：天上的银河映在水中。

宣州谢朓楼饯别校书叔云

[唐] 李白

弃我去者，昨日之日不可留；
乱我心者，今日之日多烦忧。
长风万里送秋雁，对此可以酣高楼。
蓬莱文章建安骨，中间小谢又清发。
俱怀逸兴壮思飞，欲上青天揽明月。
抽刀断水水更流，举杯消愁愁更愁。
人生在世不称意，明朝散发[①]弄扁舟[②]。

注释

①散发：不束冠，意谓不做官。这里是形容狂放不羁。古人束发戴冠，散发表示闲适自在。

②弄扁舟：乘小舟归隐江湖。

咏水

[唐] 张文琮

标名资上善，流派表灵长。
地图罗四渎，天文载五潢[①]。
方流涵玉润，圆折动珠光。
独有蒙园吏[②]，栖偃玩濠梁[③]。

注释

①五潢：在天文上，五潢星座代表着五行之一的水元素，彰显了水的神奇和重要。

②蒙园吏：庄周曾做过蒙圆吏，喜欢游息于濠梁之上。

③濠梁：濠梁是庄周的故乡，也是他哲学思考的起点。他通过观察濠梁之上的鱼，领悟出了“齐物论”的思想，即万物本无差别，只因人的主观意愿而有所区分。这种思想表达了诗人对于自然的尊重和对于万物的平等看待。

又送别

［唐］李峤

岐路方为客，芳尊[①]暂解颜。
人随转蓬去，春伴落梅还。
白云度汾水，黄河绕晋关。
离心不可问，宿昔鬓成斑。

注释

①芳尊：也写作“芳樽”，指精致的酒器。

淮上[①]喜会梁州[②]故人

［唐］韦应物

江汉曾为客，相逢每醉还。
浮云一别后，流水[③]十年间。
欢笑情如旧，萧疏鬓已斑。
何因不归去？淮上有秋山[④]。

注释

①淮上：淮水边。

②梁州：指兴元府（今陕西省汉中市）。

③流水：喻岁月如流，又暗合江汉。

④淮上有秋山：言淮上风光可恋，承接上“不归去”之意。

乌夜啼[1]·昨夜风兼雨

［唐］李煜

昨夜风兼[1]雨，帘帏[2]飒飒[3]秋声。烛残漏断频欹枕[4]，起坐不能平。

世事漫[5]随流水，算来一梦浮生[6]。醉乡路稳宜频到，此外不堪行。

注释

①乌夜啼：词牌名。

②兼：同有，还有。

③帘帏（wéi）：帘子和帐子。

④飒飒（sà）：象声词，这里形容风吹帘帏发出的声音。

⑤欹（qī）枕：头斜靠在枕头上。欹，斜、倾斜。

⑥漫：枉然，徒然。

⑦浮生：指人生短促，世事虚浮不定。浮，这里为短暂、空虚之意。

卜算子[1]·我住长江头

［宋］李之仪

我住长江头，君住长江尾。日日思君不见君，共饮长江水。

此水几时休[2]，此恨何时已[3]。只愿君心似我心，定不负相思意。

注释

①卜算子：词牌名。

②休：停止。

③已：完结，停止。

易水歌

［战国］荆轲

风萧萧[1]兮易水[2]寒，壮士[3]一去兮不复还。
探虎穴兮入蛟宫，仰天嘘气兮成白虹。

注释

①萧萧：指风声。

②易水：指水名，源出河北省易县，是当时燕国的南界。

③壮士：在这里指荆轲。

谒金门[1]·风乍起

［五代］冯延巳

风乍[2]起，吹皱一池春水。闲引[3]鸳鸯香径里，手挼[4]红杏蕊。

斗鸭[5]阑干独倚，碧玉搔头斜坠。终日望君君不至，举头闻鹊喜。

注释

①谒金门：词牌名。

②乍：忽然。

③闲引：无聊地逗引着玩。

④挼：揉搓。

⑤斗鸭：以鸭相斗为欢乐。斗鸭阑和斗鸡台，都是官僚显贵取乐的场所。

名家名篇·苏轼

灯火微然，穿越亘古的岁月，朦胧中只见你吟着宋词，款款而来，照亮悠悠历史夜色。苏轼，是你！为宋词添上浓墨重彩的一笔；是你！为宋词点亮了一盏明灯。苏轼的词真情流动，乐观豁达，豪放却不失细腻，他用生命演绎着旷达洒脱，让我们欣赏苏轼优美的诗词吧！

阳关曲①·中秋月

[宋] 苏轼

暮云收尽溢②清寒，银汉③无声转玉盘。
此生此夜不长好，明月明年何处看。

注释

①阳关曲：词牌名，本名“渭城曲”。单调二十八字，四句三平韵。

②溢：满出，暗寓月色如水。

③银汉：银河。

海棠

［宋］苏轼

东风袅袅泛崇光①，香雾空蒙月转廊。
只恐夜深花睡去，故烧高烛照红妆②。

注释

①崇光：高贵华美的光泽，指正在增长的春光。
②红妆：用美女比海棠。

和董传留别

［宋］苏轼

粗缯①大布裹生涯，腹有诗书气自华。
厌伴老儒②烹瓠叶，强③随举子踏槐花。
囊空④不办寻春马⑤，眼乱行看择婿车。
得意犹堪夸世俗，诏黄新湿字如鸦。

注释

①粗缯（zēng）：粗制的丝织品。
②老儒：对年老学子的称呼。
③强：勉强。
④囊空：口袋里空空的，比喻没有钱。
⑤寻春马：唐代新科进士有头簪鲜花、骑马踏春的习俗。

观潮

［宋］苏轼

庐山烟雨浙江潮，未至千般恨[1]不消。
到得还来别无事，庐山烟雨浙江潮[2]。

注释

①恨：遗憾。
②浙江潮：指钱塘江潮汐。

春宵

［宋］苏轼

春宵[1]一刻值千金，花有清香月有阴[2]。
歌管楼台声细细，秋千院落夜沉沉。

注释

①春宵：春夜。
②月有阴：指月光在花下投射出朦胧的阴影。

蝶恋花[1]·春景

［宋］苏轼

花褪残红青杏小，燕子飞时，绿水人家绕。枝上柳绵吹又少，天涯何处无芳草。

墙里秋千墙外道，墙外行人，墙里佳人笑。笑渐不闻声渐悄，多情[2]却被无情[3]恼。

注释

①蝶恋花：词牌名。

②多情：这里代指墙外的行人。

③无情：这里代指墙内的佳人。

江城子[1]·密州[2]出猎

［宋］苏轼

老夫聊发少年狂，左牵黄，右擎苍[3]，锦帽貂裘，千骑卷平冈。为报倾城随太守，亲射虎，看孙郎[4]。

酒酣胸胆尚开张。鬓微霜，又何妨！持节云中，何日遣冯唐？会挽雕弓如满月，西北望，射天狼[5]。

注释

①江城子：词牌名。

②密州：今山东省诸城市。

③左牵黄，右擎苍：左手牵着黄犬，右臂擎着苍鹰，形容围猎时用以追捕猎物的阵势。

④孙郎：孙权，这里借以自喻。

⑤天狼：星名，又称犬星，隐喻侵犯北宋边境的辽国与西夏。

东坡

［宋］苏轼

雨洗东坡月色清，市人行尽野人[1]行。
莫嫌荦确[2]坡头路，自爱铿然[3]曳杖声。

注释

①野人：泛指村野之人；农夫。

②荦（luò）确：怪石嶙峋貌或者坚硬貌。

③铿然：声音响亮。

临江仙①·送王缄

［宋］苏轼

忘却成都来十载，因君未免思量。凭将清泪洒江阳。故山知好在，孤客自悲凉。

坐上别愁君未见，归来欲断无肠。殷勤且更尽离觞②。此身如传舍③，何处是吾乡。

注释

①临江仙：词牌名。

②离觞：离别的酒宴。

③传舍：古时供行人休息住宿的处所。

东栏①梨花

［宋］苏轼

梨花淡白柳深青，柳絮飞时花满城。
惆怅东栏一株雪②，人生看得几清明③。

注释

①东栏：庭院门口的栏杆。

②雪：指梨花。

③清明：清澈明朗。

趣味生活·好学

学以增智，学以立德，学以致用，一个人的本领不是天生的，只能通过学习和实践获得。少而好学，如日出之阳；壮而好学，如日中之光；老而好学，如炳烛之明。

夏昼偶作

[唐] 柳宗元

南州溽暑[①]醉如酒，隐几[②]熟眠开北牖[③]。
日午独觉无余声，山童隔竹敲茶臼。

注释

①溽（rù）暑：又湿又热，指盛夏的气候。

②隐几（yìn jī）：凭倚着几案。

③北牖：北窗。

劝学

[唐] 颜真卿

三更[①]灯火五更鸡，正是男儿读书时。
黑发不知勤学早，白首方[②]悔读书迟。

注释

①更：古时夜间计算时间的单位，一夜分五更，每更为两小时。午夜 11 点到凌晨 1 点为三更。

②方：才。

冬夜读书示[1]子聿（其三）

［宋］陆游

古人学问无遗[2]力，少壮工夫老始成。
纸上得来终觉浅，绝知此事要躬行[3]。

注释

①示：训示，指示。

②遗：保留，存留。

③躬行：亲身实践。

杂诗

［晋］陶渊明

人生无根蒂，飘如陌上尘。
分散逐风转，此已非常身[1]。
落地为兄弟，何必骨肉亲！
得欢当作乐，斗[2]酒聚比邻。
盛年不重来，一日难再晨。
及时当勉励，岁月不待人。

注释

①非常身：不是经久不变的身，即不再是盛年壮年之身。

②斗：酒器。

书院

［宋］刘过

力学如力耕①，勤惰尔自知。
但使书种多，会有岁稔②时。

注释

①力耕：努力耕作。

②岁稔（rěn）：年成丰熟。

送安惇秀才失解西归

［宋］苏轼

旧书不厌百回读，熟读深思子自知。
他年①名宦②恐不免，今日栖迟③那可追。
我昔家居断还往，著书不复窥园葵。
朅来东游慕人爵，弃去旧学从儿嬉。
狂谋谬算百不遂，惟有霜鬓来如期。
故山松柏皆手种，行且拱矣归何时。
万事早知皆有命，十年浪走宁非痴。
与君未可较得失，临别惟有长嗟咨④。

注释

①他年：将来，以后。

②名宦：居官而名声地位显赫者。

③栖迟：漂泊失意。

④嗟咨：慨叹。

今日歌

［明］文嘉

今日复[1]今日，今日何其少。
今日又不为[2]，此事何时了。
人生百年几今日，今日不为真可惜。
若言姑[3]待明朝至，明朝又有明朝事。
为君聊赋[4]今日诗，努力请从今日始。

注释

①复：又。

②为：做、干。

③姑：姑且。

④赋：吟诵。

劝学

［唐］孟郊

击石乃有火，不击元[1]无烟。
人学始知道，不学非自然[2]。
万事须己运，他得[3]非[4]我贤[5]。
青春须早为，岂能长少年。

注释

①元：同“原”，原本，本来。

②非自然：不会自然而然地获得知识。自然，天然。

③他得：他人所得的知识。

④非：不是。

⑤贤：德行，才能。

苔

[清] 袁枚

白日①不到处，青春②恰自来。
苔花如米小，也③学牡丹开。

注释

①白日：太阳。

②青春：指苔藓富有生机的绿意。

③也：亦。

春日醉起言志

[唐] 李白

处世若大梦，胡为劳其生？
所以终日醉，颓然卧前楹①。
觉来眄②庭前，一鸟花间鸣。
借问此何时？春风语流莺。
感之欲叹息，对酒还自倾。
浩歌待明月，曲尽已忘情。

注释

①前楹：厅前的柱子。

②眄（miǎn）：斜视。

深情厚谊·友情

友情如无垠沙漠里的一片绿洲，带来人生的希望；友情如茫茫大海上的灯塔，指引前进的方向；友情如寒冬里的一件棉衣，隔绝刺骨的寒。友情是经久不衰的话题，更有文人志士代代歌颂。它是我们生命里不可缺少的一抹色彩，有了它人生才算完整，生活才能温暖如春。

浪淘沙①·把酒祝东风

［宋］欧阳修

把酒祝东风，且共从容。垂杨紫陌②洛城③东。总是当时携手处，游遍芳丛。

聚散苦匆匆，此恨无穷。今年花胜去年红。可惜明年花更好，知与谁同？

注释

①浪淘沙：唐教坊曲名，后用为词牌名。

②紫陌：紫路。洛阳曾是东周、东汉的都城，据说当时曾用紫色土铺路，故名。此指洛阳的道路。

③洛城：指洛阳。

客至[1]

[唐] 杜甫

舍南舍北皆春水，但见群鸥日日来。
花径不曾缘客扫，蓬门今始为君开。
盘飧市远无兼味[2]，樽酒家贫只旧醅[3]。
肯与邻翁相对饮，隔篱呼取尽余杯。

注释

①客至：客指崔明府，杜甫在题后自注："喜崔明府相过。"明府，唐人对县令的称呼。相过，即探望、相访。

②兼味：多种美味佳肴。无兼味，谦言菜少。

③樽酒家贫只旧醅：古人好饮新酒，杜甫以家贫无新酒感到歉意。醅，没有过滤的酒，也泛指酒。

天末怀李白

[唐] 杜甫

凉风起天末，君子意如何。
鸿雁几时到，江湖秋水多。
文章憎命达，魑魅喜人过[1]。
应共冤魂语，投诗赠汨罗。

注释

①魑（chī）魅：鬼怪，这里指坏人或邪恶势力。过：过错，过失。这里指魑魅喜欢幸灾乐祸，说明李白被贬是被诬陷的。

寒夜

［宋］杜耒

寒夜客来茶当酒，竹炉①汤沸②火初红。

寻常一样窗前月，才有梅花便不同。

注释

①竹炉：指用竹篾做成的套子套着的火炉。

②汤沸：热水沸腾。

喜迁莺①·花不尽

［宋］晏殊

花不尽，柳无穷。应与我情同。觥船一棹②百分空。何处不相逢。

朱弦悄，知音少。天若有情应老③。劝君看取利名场。今古梦茫茫。

注释

①喜迁莺：词牌名，双调，此牌有小令和长调两体。小令起于唐人，双调，47字，以平仄换韵较为常见，也有全用平韵的。长调起自宋人，《词谱》以康与之词为正体，双调，103字，仄韵。又名“鹤冲天”“燕归来”“喜迁莺令”。此词为小令。

②觥（gōng）船一棹：大杯饮酒一次。

③天若有情应老：出自唐代李贺《金铜仙人辞汉歌》：“衰兰送客咸阳道，天若有情天亦老。”

饯别王十一①南游

［唐］刘长卿

望君烟水阔，挥手泪沾巾。
飞鸟没何处，青山空向人。
长江一帆远，落日五湖春②。
谁见汀洲上，相思愁白蘋③。

注释

①饯别：设酒食送行。王十一：名不详，排行十一。

②落日：指王十一到南方后，当可看到夕照下的五湖春色。五湖：这里指太湖。此句与下面“谁见”两句均出自梁朝柳恽《江南曲》：“汀洲采白蘋，日落江南春。洞庭有归客，潇湘逢故人。故人何不返，春花复应晚。不道新知乐，只言行路远。”

③白蘋（pín）：水中浮草，花白色，故名。

山行①留客

［唐］张旭

山光物态弄春晖，莫为轻阴便拟归。
纵使晴明无雨色，入云②深处亦沾衣。

注释

①山行：一作“山中”。

②云：指雾气、烟霭。

江楼月

[唐] 白居易

嘉陵江曲曲江池[1]，明月虽同人别离。
一宵光景潜[2]相忆，两地阴晴远不知。
谁料江边怀我夜，正当池畔望君时。
今朝共语方同悔，不解多情先寄诗。

注释

①“嘉陵”句：嘉陵江、曲江两江相距很远，诗人与朋友相隔两地。

②潜：表深思的神态。

贫交行[1]

[唐] 杜甫

翻手作云覆手雨，纷纷轻薄何须数。
君不见管鲍[2]贫时交，此道今人弃如土。

注释

①贫交行：描写贫贱之交的诗歌。贫交，古歌所说：“采葵莫伤根，伤根葵不生。结交莫羞贫，羞贫友不成。”贫贱方能见真交，而富贵时的交游则未必可靠。

②管鲍：指管仲和鲍叔牙。管仲早年与鲍叔牙相处很好，管仲贫困，也欺骗过鲍叔牙，但鲍叔牙始终善待管仲。现在人们常用“管鲍”来比喻情谊深厚的朋友。

醉赠刘二十八使君[①]

［唐］白居易

为我引杯添酒饮，与君把箸击盘歌。
诗称国手徒为尔，命压人头不奈何。
举眼风光长寂寞，满朝官职独蹉跎。
亦知合被[②]才名折，二十三年[③]折太多。

注释

①刘二十八使君：刘禹锡。

②合被：应该被。合，应该。

③二十三年：刘禹锡于唐顺宗永贞元年（805年）旧历九月被贬连州刺史，赴任途中再贬朗州司马。十年后，奉诏入京，又复贬任连州刺史，转夔州、和州刺史。直至唐文宗大和元年（827年）方得回京，预计回到京城时，已达二十三年之久。

文言古韵

文言文代表着源远流长、一脉相承的中华文明。文言文文字简洁、含义丰富，因此文言文中有大量多义字、兼词、省略句等。文言文在现代人看来晦涩难懂，但是它是中华文化的重要见证，使我们能够跨越历史，和先人对话，感受千年文化的滋养，纵览厚重的民族历史，站在前人的肩膀上书写新的故事。

定风波①·莫听穿林打叶声

[宋] 苏轼

三月七日，沙湖道中遇雨，雨具先去，同行皆狼狈，余独不觉。已而②遂晴。故作此词。

莫听穿林打叶声，何妨吟啸③且徐行。竹杖芒鞋轻胜马，谁怕？一蓑烟雨任平生。

料峭④春风吹酒醒，微冷，山头斜照却相迎。回首向来萧瑟处，归去，也无风雨也无晴。

注释

①定风波：词牌名。

②已而：过了一会儿。

③吟啸：吟咏长啸。

④料峭：微寒的样子。

咏雪①

［南北朝］刘义庆

谢太傅寒雪日内集②，与儿女讲论文义。俄而雪骤，公欣然曰："白雪纷纷何所似？"兄子胡儿曰："撒盐空中差可拟。"兄女曰："未若柳絮因风起。"公大笑乐。即公大兄无奕女，左将军王凝之妻也。

注释

①选自《世说新语·言语》。

②内集：家庭聚会。

爱莲说①

［宋］周敦颐

水陆草木之花，可爱者甚蕃。晋陶渊明独爱菊。自李唐②来，世人甚爱牡丹。予独爱莲之出淤泥而不染，濯清涟而不妖，中通外直，不蔓不枝，香远益清，亭亭净植，可远观而不可亵玩焉。

予谓菊，花之隐逸者也；牡丹，花之富贵者也；莲，花之君子者也。噫！菊之爱，陶之后鲜有闻。莲之爱，同予者何人？牡丹之爱，宜乎众矣。

注释

①选自《濂溪志》。

②李唐：指唐朝。唐朝皇帝姓李所以称为"李唐"。

记承天寺夜游[1]

［宋］苏轼

元丰六年十月十二日夜，解[2]衣欲睡，月色入户，欣然起行。念无与乐者，遂至承天寺寻张怀民。怀民亦未寝，相与步于中庭。庭下如积水空明，水中藻、荇交横，盖竹柏影也。何夜无月？何处无竹柏？但少闲人如吾两人耳。

注释

①选自《东坡先生志林》。

②解：把系着的腰带解开。

与朱元思书[1]

［南北朝］吴均

风烟俱净，天山共色[2]。从流飘荡，任意东西。自富阳至桐庐一百许里，奇山异水，天下独绝。

水皆缥碧[3]，千丈见底。游鱼细石，直视无碍。急湍甚箭，猛浪若奔。

夹岸高山，皆生寒树，负势竞上，互相轩邈，争高直指，千百成峰。泉水激石，泠泠作响；好鸟相鸣，嘤嘤成韵。蝉则千转不穷，猿则百叫无绝。鸢飞戾天者，望峰息心；经纶世务者，窥谷忘反。横柯上蔽，在昼犹昏；疏条交映，有时见日。

注释

①选自《艺文类聚》。

②共色：一样的颜色。共，一样。

③缥（piǎo）碧：浅青色。

湖心亭看雪①

［明］张岱

崇祯五年十二月，余②住西湖。大雪三日，湖中人鸟声俱绝。是日更定矣，余拿一小舟，拥毳衣③炉火，独往湖心亭看雪。雾凇沆砀④，天与云与山与水，上下一白。湖上影子，惟长堤一痕、湖心亭一点、与余舟一芥、舟中人两三粒而已。

到亭上，有两人铺毡对坐，一童子烧酒炉正沸。见余大喜曰："湖中焉得更有此人！"拉余同饮。余强饮三大白而别。问其姓氏，是金陵人，客此。及下船，舟子喃喃曰："莫说相公痴，更有痴似相公者。"

注释

①选自《陶庵梦忆》。

②余：第一人称代词，我。

③毳（cuì）衣：细毛皮衣。毳，鸟兽的细毛。

④沆砀（hàng dàng）：白气弥漫的样子。

孙权劝学①

［宋］司马光

初②，权谓吕蒙曰："卿今当涂掌事，不可不学！"蒙辞以军中多务。权曰："孤岂欲卿治经为博士邪！但当涉猎，见往事耳。卿言多务，孰若孤？孤常读书，自以为大有所益。"蒙乃始就学。及鲁肃过寻阳，与蒙论议，大惊曰："卿今者才略，非复吴下阿蒙！"蒙曰："士别三日，即更刮目相待，大兄何见事之晚乎！"肃遂拜蒙母，结友而别。

注释

①选自《资治通鉴》。

②初：当初，起初，这里是追述往事的习惯用词。

答谢中书书[1]

［南北朝］陶弘景

山川之美，古来共谈。高峰入云，清流见底。两岸石壁，五色交辉。青林翠竹，四时俱备。晓雾将歇[2]，猿鸟乱鸣；夕日欲颓[3]，沉鳞[4]竞跃。实是欲界之仙都。自康乐以来，未复有能与其奇者。

注释

①选自《全梁文》。谢中书，即谢征，曾任中书舍人，所以称之为谢中书。书，即书信。

②歇：消散，指雾散去。

③颓：坠落。

④沉鳞：潜游在水中的鱼。

马说[1]

［唐］韩愈

世有伯乐，然后有千里马[2]。千里马常有，而伯乐不常有。故虽有名马，只辱于奴隶人之手，骈死于槽枥[3]之间，不以千里称也。

马之千里者，一食[4]或尽粟一石。食马者不知其能千里而食也。是马也，虽有千里之能，食不饱，力不足，才美不外见，且欲与常马等不可得，安求其能千里也？

策之不以其道，食之不能尽其材，鸣之而不能通其意，执策而临之，曰："天下无马！"呜呼！其真无马邪？其真不知马也！

注释

①选自《昌黎先生集》。

②千里马：原指善跑的骏马，可以日行千里。现在常用来比喻人才。

③槽枥（lì）：牲口用来进食的器物，引申为马厩。

④一食：一顿。

虽有嘉肴

虽有嘉肴，弗[2]食，不知其旨也；虽有至道，弗学，不知其善也。是故学然后知不足，教然后知困。知不足，然后能自反也；知困，然后能自强也。故曰：教学相长也。《兑命》曰“学学半”，其此之谓乎！

注释

①选自《礼记·学记》。

②弗：不。

五年级

五年级

四季时令·冬
传统节日·中秋
地名览胜·南京
山水田园·田园
名家名篇·李清照
趣味生活·琴棋
深情厚谊·家国
文言古韵

四季时令·冬

有人喜欢春之妩媚，因为“一年之计在于春”；有人欣赏夏之热情，因为夏季到了百花盛开；有人钟情秋之静美，天朗气清，风轻云淡；有人独爱冬之萧瑟，虽然北风凛冽，却也挡不住来年的勃勃生机。让我们跟随诗人们的笔触去感受冬日的诗情画意，品味诗句之美吧！

冬晚对雪忆胡居士家

［唐］王维

寒更传晓箭，清镜览衰颜。
隔牖风惊竹，开门雪满山。
洒空深巷静，积素① 广庭闲。
借问袁安舍，翛然② 尚闭关。

注释

①积素：积雪。

②翛（xiāo）然：一任自然，无拘无束、自由自在的样子。

冬至夜怀湘灵

［唐］白居易

艳质①无由②见，寒衾③不可亲。
何堪最长夜，俱作独眠人。

注释

①艳质：指女子艳美的资质，这里指诗人怀念的“湘灵”。

②无由：没有办法。

③寒衾：冰凉的被子。衾，被子。

十二月十五夜

［清］袁枚

沉沉①更鼓②急，渐渐人声绝。
吹灯窗更明，月照一天③雪。

注释

①沉沉：指从远处传来的断断续续的声音。

②更（gēng）鼓：旧时一夜分成五更，每更大约两小时，晚上派专人巡夜，打鼓报道时刻，叫作“打更”，打更用的鼓叫“更鼓”。

③一天：满天空。

早冬

[唐] 白居易

十月江南天气好，可怜冬景似春华①。
霜轻未杀萋萋②草，日暖初干漠漠沙。
老柘叶黄如嫩树，寒樱枝白是狂花。
此时却羡闲人醉，五马③无由入酒家。

注释

①春华：春天的花。

②萋萋：草木茂盛的样子。

③五马：太守（刺史）的别称，诗人时任太守。

幽居冬暮

[唐] 李商隐

羽翼摧残日，郊园寂寞时。
晓鸡①惊树雪，寒鹜②守冰池。
急景③忽云暮，颓年浸已衰。
如何匡国分，不与夙心期。

注释

①晓鸡：报晓的鸡。唐孟浩然《寒夜张明府宅宴》诗云：“醉来方欲卧，不觉晓鸡鸣。”

②鹜（wù）：鸭子。

③急景：同“短日”，急驰的日光，亦指急促的时光。

冬柳

［唐］陆龟蒙

柳汀①斜对野人窗，零落衰条傍晓江。
正是霜风飘断处，寒鸥惊起一双双。

注释

①柳汀：柳树成行的水边平地。

冬夜读书示子聿（其一）

［宋］陆游

宦途①至老无余俸，贫悴②还如筮仕③初。
赖有一筹胜富贵，小儿读遍旧藏书。

注释

①宦途：做官的生活、经历、遭遇等。
②贫悴（cuì）：贫穷困苦。
③筮（shì）仕：初出做官。

冬日游览

［唐］王维

步出城东门，试骋千里目。
青山横苍林，赤日团平陆。
渭北走邯郸，关东①出函谷②。

秦地万方会，来朝九州牧③。
鸡鸣咸阳中，冠盖相追逐。
丞相过列侯，群公饯④光禄。
相如方老病，独归茂陵宿。

注释

①关东：指函谷关、潼关以东地区。

②函谷：函谷关，建于春秋战国之际。“因在谷中，深险如函而得名。东自崤山，西至潼津，通名函谷，号称天险。”（《辞海》）

③九州牧：九州的总管理者，即皇帝。

④饯（jiàn）：设酒送行。

初冬即事①

［宋］周端臣

初冬天气暖，小似立春时。
万树无多叶，千花试一枝。
天红霜有信，星晕雨先期。
怕见梅花发，愁怀②未办诗。

注释

①即事：眼前的事物。

②愁怀：忧伤的心怀。

北中寒

［唐］李贺

一方①黑照②三方紫，黄河冰合鱼龙死。
三尺木皮③断文理，百石④强车⑤上河水。
霜花草上大如钱，挥刀不入迷濛天。
争潆⑥海水飞凌喧⑦，山瀑无声玉虹悬。

注释

①一方：指的是北方。

②照：辐射。

③三尺木皮：这里说三尺是夸张，由于寒冷冰冻，三尺厚的木皮被冻断。

④百石（dàn）：古人以百斤为石。

⑤强车：坚固的兵车。这里指装载沉重的车。

⑥争潆（yíng）：波涛激荡，洄漩。

⑦飞凌喧：海上的流冰相互碰击，发出喧闹的声音。飞凌，流冰。凌，冰。

传统节日·中秋

丹桂飘香、玉露生凉。农历八月十五，是我们的传统节日——中秋节。古往今来，人们在这一天祭月、赏月，祈盼丰收与幸福。无数文人墨客留下大量描绘中秋节的诗词，“但愿人长久，千里共婵娟”“吾心自有光明月，千古团圆永无缺”……苏东坡、辛弃疾、王守仁都曾引明月入诗，为中秋而歌。

中秋月二首（其二）

［唐］李峤

圆魄①上寒空，皆言四海同。
安知②千里外，不有雨兼风？

注释

①圆魄：指中秋圆月。
②安知：哪里知道。

中秋月

［宋］晏殊

十轮霜影转庭梧，此夕羁人①独向隅②。
未必素娥③无怅恨，玉蟾清冷桂花孤。

注释

①羁人：旅人。

②隅：角落。

③素娥：指嫦娥。

中秋

［明］王守仁

去年中秋阴复晴，今年中秋阴复阴。
百年好景不多遇，况乃①白发相侵寻。
吾心自有光明月，千古团圆永无缺。
山河大地拥清辉②，赏心何必中秋节。

注释

①况乃：何况；况且。

②清辉：指皎洁的月光。

中秋无月同诸子二首（其二）

［宋］苏辙

卷衣换斗酒，欲饮月明中。
坐看浮云合，遥怜四海①同。
清光知未泯②，来岁尚无穷。
且尽樽中渌，高眠听雨风。

注释

①四海：指天下。

②泯：消灭，丧失。

中秋登楼望月

［宋］米芾

目穷淮海满如银，万道虹光①育蚌珍。
天上若无修月户②，桂枝撑损向西轮。

注释

①万道虹光：引用民间传说。传说月圆之时蚌才育珠。

②修月户：传说月亮是由七宝合成的，人间常有八万二千户给它修治。

水调歌头①·明月几时有

［宋］苏轼

丙辰中秋，欢饮达旦，大醉，作此篇，兼怀子由②。

明月几时有？把酒问青天。不知天上宫阙，今夕是何年。我欲乘风归去，又恐琼楼玉宇③，高处不胜寒。起舞弄清影，何似在人间。

转朱阁，低绮户，照无眠。不应有恨，何事长向别时圆？人有悲欢离合，月有阴晴圆缺，此事古难全。但愿人长久，千里共婵娟④。

注释

①水调歌头：词牌名。

②子由：苏轼的弟弟苏辙的字。

③琼（qióng）楼玉宇：美玉砌成的楼宇，指想象中的仙宫。

④婵娟：指月亮。

念奴娇[①] · 中秋

［宋］苏轼

凭高眺远，见长空万里，云无留迹。桂魄[②]飞来，光射处，冷浸一天秋碧。玉宇琼楼，乘鸾来去，人在清凉国。江山如画，望中烟树[③]历历[④]。

我醉拍手狂歌，举杯邀月，对影成三客。起舞徘徊风露下，今夕不知何夕？便欲乘风，翻然[⑤]归去，何用骑鹏翼。水晶宫里，一声吹断横笛。

注释

①念奴娇：词牌名。

②桂魄：月亮的别称。古人称月体为魄，又传月中有桂树，故称月亮为“桂魄”。

③烟树：烟雾笼罩的树木。

④历历：清楚可数。

⑤翻然：回飞的样子。

满江红[①] · 中秋

［宋］辛弃疾

美景良辰，算只是、可人风月。况素节[②]扬辉，长是十分清彻。着意登楼瞻玉兔，何人张幕遮银阙？倩飞廉、得得为吹开，凭谁说？

弦与望，从圆缺。今与昨，何区别？羡[③]夜来手把，桂花堪[④]折。安得便登天柱上，从容陪伴酬佳节。更如今、不听麈谈清，愁如发。

注释

①满江红：词牌名。
②素节：秋令时节。这里指中秋佳节。
③羡：因喜爱而希望得到。
④堪：能够，可以。

秋宵月下有怀

［唐］孟浩然

秋空明月悬，光彩露沾湿。
惊鹊栖未定，飞萤卷帘[1]入。
庭槐寒影疏，邻杵[2]夜声急。
佳期[3]旷何许，望望空伫立。

注释

①帘：竹帘，可以卷起，故称卷帘。
②杵（chǔ）：舂米、捣衣用的棒槌。此用作动词，指捣衣。
③佳期：原指与佳人约会，后泛指欢聚之日。

中秋对月

［唐］曹松

无云世界秋三五[1]，共看蟾盘[2]上海涯。
直到天头天尽[3]处，不曾私照一人家。

注释

①三五：十五天，中秋十五就是中秋节。

②蟾盘：指月亮。蟾轮、冰轮、冰魄等都是古人对月亮的美称。

③天头天尽：古人认为天圆地方，圆再大也有边缘，所以古人觉得天和地都是有尽头的。

地名览胜·南京

它是一方山水城林，兼备山川形胜之妙；它是一座历史名城，充满着沧桑兴衰之感；它是一方文化重镇，无处不流淌着古今文人墨客的遐想情思；它还是一座文明之城，哺育了淳朴、博爱、智慧的南京人民。流传千古的诗词与南京同不朽，让我们一起来学习几首咏叹南京的诗词，感受南京的历史与文化魅力吧！

书湖阴先生壁二首（其一）

［宋］王安石

茅檐长扫净无苔，花木成畦①手自栽。
一水护田将绿绕，两山排闼②送青来。

注释

①畦（qí）：经过修整的一块块田地。
②排闼（tà）：推开门。

南朝

［唐］李商隐

玄武湖①中玉漏催②，鸡鸣埭③口绣襦回。
谁言琼树朝朝见，不及金莲步步来。

敌国军营漂木柿，前朝神庙锁烟煤。
满宫学士皆颜色，江令当年只费才。

注释

①玄武湖：南朝宋文帝时建成，后成为南京市游览胜地。

②玉漏催：指时间流逝。玉漏，古代计时器，靠壶水滴漏来测算时间。

③鸡鸣埭：玄武湖北堤名。南朝齐武帝经常带宫嫔一早出游，到湖北堤时鸡才鸣叫，所以称“鸡鸣埭”。

乌衣巷

［唐］刘禹锡

朱雀桥①边野草花，乌衣巷口夕阳斜。
旧时王谢堂前燕，飞入寻常②百姓家。

注释

①朱雀桥：在金陵城（南京）外，乌衣巷在桥边。

②寻常：平常。

登金陵凤凰台

［唐］李白

凤凰台①上凤凰游，凤去台空江自流。
吴宫②花草埋幽径，晋代衣冠成古丘。
三山半落青天外，二水中分白鹭洲。
总为浮云能蔽日，长安不见使人愁。

注释

①凤凰台：在金陵凤凰山上。据《江南通志》载："凤凰台在江宁府城内之西南隅，犹有陂陀，尚可登览。宋元嘉十六年，有三鸟翔集山间，文彩五色，状如孔雀，音声谐和，众鸟群附，时人谓之凤凰。起台于山，谓之凤凰台，山曰凤台山，里曰凤凰里。"

②吴宫：三国时孙吴曾于金陵建都筑宫。

入朝曲

［南北朝］谢朓

江南佳丽地，金陵帝王州。
逶迤[1]带[2]绿水，迢递[3]起朱楼[4]。
飞甍夹驰道，垂杨荫御沟。
凝笳[5]翼高盖，叠鼓送华辀[6]。
献纳云台表，功名良可收。

注释

①逶迤（wēi yí）：形容水流弯曲。

②带：环绕。

③迢递：高峻巍峨的样子。

④朱楼：红楼。

⑤凝笳：舒缓的笳声。

⑥华辀（zhōu）：华丽的车辆。

山水田园·田园

田园诗，古代诗歌类型之一，源于南北朝的谢灵运和晋朝的陶渊明，以唐代诗人王维、孟浩然为代表。这类诗以描写自然风光、农村景物以及安逸恬淡的隐居生活见长。诗境隽永优美，风格恬静淡雅，语言清丽洗练，多用白描手法。让我们跟随诗人的步伐，去看那绿柳堤岸，贺江之水蜿蜒潺潺；看那群山如黛，姑婆仙境银练溅玉；看那炊烟袅袅，乡村古道静谧祥和。

春晚书山家屋壁

［唐］贯休

柴门寂寂黍饭[①]馨[②]，山家烟火春雨晴。
庭花蒙蒙[③]水泠泠[④]，小儿啼索树上莺。

注释

①黍饭：黄米饭，唐人常以之待客。

②馨：香。

③蒙蒙：形容雨点细小。

④泠泠（líng）：形容流水清脆的声音。

田园乐七首（其一）

［唐］王维

厌见[①]千门万户，经过北里南邻。
官府鸣珂有底，崆峒[②]散发何人。

注释

①厌见：饱见。一作“出入”。
②崆峒（kōng tóng）：指仙山。

郊园[①]即事[②]

［唐］王勃

烟霞春旦[③]赏，松竹故年心。
断山疑画障，县溜泻鸣琴。
草遍南亭合，花开北院深。
闲居饶酒赋，随兴欲抽簪。

注释

①郊园：城外的园林。
②即事：以目前事物为题材作诗。
③春旦：春天的早晨。旦，一作“早”。

小园

［宋］陆游

小园烟草接邻家，桑柘[1]阴阴一径斜。
卧读陶诗未终卷，又乘微雨去锄瓜。

注释

①桑柘：桑木与柘木。

纪村事

［唐］韦庄

绿蔓映双扉[1]，循墙一径微。
雨多庭果烂，稻熟渚[2]禽肥。
酿酒迎新社，遥砧送暮晖。
数声牛上笛，何处饷田归。

注释

①扉：门扇。

②渚：水中的小块陆地。

临江仙[1]·风水洞作

［宋］苏轼

四大[2]从来都遍满，此间风水何疑。故应为我发新诗。幽花香涧谷，寒藻舞沦漪[3]。

借与玉川[4]生两腋，天仙未必相思。还凭流水送人归。层巅余落日，草露已沾衣。

注释

①临江仙：词牌名。唐教坊曲。原用以歌咏水仙，故名。又名“雁儿归”“瑞鹤仙令”等。双调小令，平韵格。

②四大：佛教以地、水、火、风为四大，认为此四者广大，能导出一切事物和道理。

③沦漪：水波细纹。

④玉川：唐诗人卢仝（tóng），号玉川子。

夜归

［宋］周密

夜深归客倚筇[1]行，冷磷依萤聚土塍[2]。
村店月昏泥径滑，竹窗斜漏补衣灯。

注释

①筇（qióng）：一种竹。实心，节高，宜于作拐杖。这里指手杖。

②土塍（chéng）：田间的土埂。

初秋行圃[1]

［宋］杨万里

落日无情最有情，遍催万树暮蝉鸣。
听来咫尺[2]无寻处，寻到旁边却不声。

注释

①行圃：指在园子里散步。圃，种植蔬菜、花草、瓜果的园子。

②咫（zhǐ）尺：周制八寸为咫，十寸为尺。形容距离很近。

绝句漫兴九首（其七）

［唐］杜甫

糁径杨花铺白毡，点溪荷叶叠青钱。
笋根雉子[①]无人见，沙上凫雏[②]傍母眠。

注释

①雉子：小野鸡；一作“稚子”，指嫩笋芽。

②凫雏：小野鸭。

野步

［宋］周密

麦陇[①]风来翠浪斜，草根肥水噪新蛙。
羡他无事双蝴蝶，烂醉东风野草花。

注释

①麦陇：麦田。

名家名篇·李清照

李清照，号易安居士，山东省济南章丘人。宋代词人，婉约词派代表，有“千古第一才女”之称。作为中国古代文学史上少有的女作家，其作品中所体现的爱国思想，具有积极的社会意义。李清照的词作，代表了中国古代广大妇女追求男女平等、关心国事的一个侧面，让后人从中看到了中国古代女性情感世界的另一面。

武陵春①·春晚

［宋］李清照

风住尘香②花已尽，日晚倦梳头。物是人非事事休，欲语泪先流。

闻说双溪春尚好，也拟泛轻舟。只恐双溪舴艋舟③，载不动许多愁。

注释

①武陵春：词牌名，又作“武林春”“花想容”“双调小令”。

②尘香：落花触地，尘土也沾染上落花的香气。

③舴艋舟：小船，两头尖如蚱蜢。

声声慢[1]·寻寻觅觅

［宋］李清照

寻寻觅觅，冷冷清清，凄凄惨惨戚戚[2]。乍暖还寒时候，最难将息。三杯两盏淡酒，怎敌他、晚来风急！雁过也，正伤心，却是旧时相识。

满地黄花堆积，憔悴损，如今有谁堪[3]摘？守着窗儿，独自怎生得黑！梧桐更兼细雨，到黄昏、点点滴滴。这次第[4]，怎一个愁字了得！

注释

①声声慢：词牌名。

②凄凄惨惨戚戚：忧愁苦闷的样子。

③堪：可。

④这次第：这光景，这情形。

一剪梅[1]·红藕香残玉簟秋

［宋］李清照

红藕[2]香残玉簟[3]秋。轻解罗裳[4]，独上兰舟。云中谁寄锦书来？雁字回时，月满西楼。

花自飘零水自流。一种相思，两处闲愁。此情无计可消除，才下眉头，却上心头。

注释

①一剪梅：词牌名。

②红藕：红色的荷花。
③玉簟：光滑似玉的精美竹席。
④裳：古人穿的下衣，也泛指衣服。

如梦令·常记溪亭日暮

[宋] 李清照

常记[1]溪亭日暮，沉醉不知归路。兴尽[2]晚回舟，误入藕花深处。争渡，争渡，惊起一滩鸥鹭。

注释

①常记：时常记起。
②兴尽：尽了兴致。

如梦令·昨夜雨疏风骤

[宋] 李清照

昨夜雨疏风骤[1]，浓睡[2]不消残酒。试问卷帘人，却道海棠依旧。知否，知否？应是绿肥红瘦[3]。

注释

①雨疏风骤：雨点稀疏，晚风急猛。
②浓睡：酣睡。
③绿肥红瘦：绿叶繁茂，红花凋零。

醉花阴[1]·薄雾浓云愁永昼

［宋］李清照

薄雾浓云愁永昼[1]，瑞脑[2]销金兽。佳节又重阳，玉枕纱厨，半夜凉初透。

东篱把酒黄昏后，有暗香盈袖。莫道不销魂[3]，帘卷西风，人比黄花[4]瘦。

注释

①醉花阴：词牌名。

②永昼：漫长的白天。

③瑞脑：一种薰香名。又称“龙脑”，即冰片。

④销魂：形容极度忧愁、悲伤。

⑤黄花：指菊花。

渔家傲[1]·天接云涛连晓雾

［宋］李清照

天接云涛连晓雾，星河欲转千帆舞。仿佛梦魂归帝所[1]。闻天语[2]，殷勤问我归何处。

我报路长嗟[3]日暮，学诗谩有惊人句。九万里风鹏正举。风休住，蓬舟吹取三山去！

注释

①渔家傲：词牌名。

②帝所：天帝居住的地方。

③天语：天帝的话语。

④嗟：慨叹。

点绛唇[①]·蹴罢秋千

[宋] 李清照

蹴[②]罢秋千，起来慵[③]整纤纤手。露浓花瘦，薄汗轻衣透。

见客入来，袜刬[④]金钗溜。和羞走，倚门回首[⑤]，却把青梅嗅。

注释

①点绛唇：词牌名。

②蹴：踏。此处指打秋千。

③慵：懒，倦怠的样子。

④袜刬（chǎn）：只穿着袜子走路。

⑤倚门回首：靠着门回头看。

鹧鸪天[①]·桂花

[宋] 李清照

暗淡轻黄体性柔，情疏迹远只香留。何须浅碧深红色，自是花中第一流。

梅定妒，菊应羞，画阑[①]开处冠中秋。骚人可煞[②]无情思[③]，何事当年不见收。

注释

①鹧鸪天：词牌名。

②画阑：化用李贺《金铜仙人辞汉歌》中的“画栏桂树悬秋香”之句意，谓桂花为中秋时节首屈一指的花木。

③可煞：疑问词，犹可是。

④情思：情意。

清平乐[①]·年年雪里

[宋] 李清照

年年雪里，常插梅花醉。挼[②]尽梅花无好意，赢得满衣清泪。

今年海角天涯，萧萧两鬓生华[③]。看取[④]晚来风势，故应难看梅花。

注释

①清平乐：词牌名。

②挼（ruó）：揉搓。

③萧萧两鬓生华：形容鬓发华白稀疏的样子。

④看取：观察的意思。这里指观察自然界的“风势”。

趣味生活·琴棋

古人爱下棋，下棋可修身养性，可益智延年，也可结交好友；古人爱抚琴，或赞其声沉郁幽远，或感慨知音难觅，或寄琴于逍遥境界。黑白棋子中传递着惬意、智慧与情感；丝丝乐弦间流淌着清雅、柔和与文明。让我们乘着古风古韵徜徉在历史的长河中，去感受古人的趣味生活。

听弹琴

［唐］刘长卿

泠泠①七弦上，静听松风②寒。
古调③虽自爱，今人多不弹。

注释

①泠泠：形容清凉、清淡，也形容声音清越。
②松风：以风入松林暗示琴声凄凉。琴曲中有《风入松》的调名。
③古调：古时的曲调。

风中琴

［唐］卢仝

五音六律①十三徽②，龙吟鹤响③思庖羲。
一弹流水一弹月，水月风生松树枝。

注释

①五音六律：泛指音乐。

②十三徽：指琴。

③龙吟鹤响：喻琴声。

酬张少府

[唐] 王维

晚年唯好静，万事不关心。
自顾[1]无长策，空知[2]返旧林。
松风吹解带[3]，山月照弹琴。
君问穷通理，渔歌入浦深。

注释

①自顾：自念，自视。

②空知：徒然知道。

③吹解带：指清风吹拂着诗人宽解的衣带。

棋

[宋] 王安石

莫将戏事扰真情，且可随缘[1]道我赢。
战罢两奁[2]分白黑，一枰何处有亏成[3]。

注释

①随缘：随便。

②奁（lián）：棋罐。

③亏成：输赢。

池上（其一）

［唐］白居易

山僧[1]对棋坐，局上竹阴清。
映竹无人见，时闻下子声。

注释

①山僧：住在山寺的僧人。

初夏

［宋］陆游

麦秀[1]微寒[2]后，梅黄细雨前。
湖滩初集鹭，堤柳未鸣蝉。
琴带轻阴[3]润，巾因小醉偏。
晚来幽兴极，又上钓鱼船。

注释

①麦秀：指麦子秀发而未实。
②微寒：微凉，轻寒。
③轻阴：疏淡的树荫，微阴的天色。

江上琴兴

［唐］常建

江上调玉琴，一弦清一心。
泠泠七弦遍，万木澄幽阴。

能使江月白，又令江水深。
始知梧桐[1]枝，可以徽黄金[2]。

注释

①梧桐：可为琴木。

②徽黄金：这里借指梧桐木可制琴，表示琴的珍贵。徽，琴徽，系琴弦的绳。

春日访李十四处士

［唐］温庭筠

花深桥转水潺潺[1]，甪里先生[2]自闭关。
看竹已知行处好，望云空得暂时闲。
谁言有策堪经世，自是无钱可买山。
一局残棋千点雨，绿萍池上暮方还。

注释

①潺潺：溪水流动的声音。

②甪（lù）里先生：汉代隐士。这里代指李羽。

约客[1]

［宋］赵师秀

黄梅时节家家雨，青草池塘处处蛙[2]。
有约[3]不来过夜半，闲敲棋子落灯花[4]。

注释

①约客：邀请客人来相会。

②处处蛙：到处是蛙声。

③有约：为邀约友人。

④落灯花：旧时以油灯照明，灯芯烧残，落下来时好像一朵闪亮的小花。

新开棋轩呈元珍表臣

［宋］欧阳修

竹树日已滋，轩窗渐幽兴①。
人闲与世远，鸟语知境静。
春光霭欲布②，山色寒尚映。
独收万虑心，于此一枰竞③。

注释

①幽兴：静谧逸兴。

②春光霭欲布：春光虽正铺洒。

③枰（píng）竞：赛一局棋。

深情厚谊·家国

中国人的家国情怀，古已有之。心念国家，是根植于每个中国人内心的意念。一个民族、一个国家生生不息，不仅有浴血沙场的武力精神，而且也有笔下生情的文人激励着人们向前。一句句或婉转或豪迈的诗句，表达着诗人的一片丹心。让我们穿越时空，去寻找那些藏在古诗词中的爱国情怀吧！

出塞二首（其二）

［唐］王昌龄

骝马新跨白玉鞍①，战罢沙场②月色寒。
城头铁鼓声犹震③，匣里金刀④血未干。

注释

①骝（liú）马：黑鬃黑尾的红马，骏马的一种。旧注“赤马黑髦曰骝”。新：刚刚。跨：装上，安上。白玉鞍：指用白玉装饰的马鞍。

②沙场：战场。

③震：响。

④匣：刀鞘。金刀：金错刀。

碛①中行

［唐］岑参

走马②西来欲到天，辞家见月两回圆。
今夜不知何处宿，平沙莽莽③绝④人烟。

注释

①碛（qì）：沙漠。
②走马：跑马。
③莽莽：一作“万里”。形容原野辽阔，无边无际。
④绝：没有。

漫感

［清］龚自珍

绝域①从军计惘然②，东南③幽恨满词笺。
一箫一剑平生意，负④尽狂名十五年。

注释

①绝域：隔绝的地域，言其远。此指边疆。
②惘然：失志的样子。指从军的愿望未能实现。
③东南：指我国东南沿海一带。
④负：辜负。

塞下曲①（其二）

［唐］卢纶

林暗草惊风②，将军夜引弓。
平明寻白羽③，没在石棱④中。

注释

①塞下曲：古时边塞的一种军歌，多描写边境风光和战争生活。
②惊风：指风吹草动。
③白羽：箭杆后部的白色羽毛，这里指箭。
④石棱（léng）：石头的边角。

塞下曲（其一）

［唐］李白

五月天山①雪，无花只有寒。
笛中闻折柳②，春色未曾看。
晓战随金鼓③，宵眠抱玉鞍。
愿将腰下剑，直为斩楼兰。

注释

①天山：指祁连山。
②折柳：《折杨柳》，古乐曲名。
③金鼓：指鼓，进军时击鼓，退军时鸣金。

池州①翠微亭②

［宋］岳飞

经年尘土满征衣，特特③寻芳上翠微。
好水好山看不足，马蹄催趁月明归。

注释

①池州：今安徽省池州市贵池区。
②翠微亭：亭名，在贵池东南齐山。
③特特：马蹄声。

马上作

［明］戚继光

南北驱驰①报主情②，江花边月笑平生。
一年三百六十日，多是横戈③马上行。

注释

①驱驰：策马疾驰，这里指奔走效力。
②报主情：报答君主的恩情。
③横戈：拿着兵器。戈，古代的一种兵器。

登楼

［唐］杜甫

花近高楼伤客心，万方多难此登临。
锦江春色来天地，玉垒浮云变古今。
北极[1]朝廷终不改[2]，西山寇盗莫相侵。
可怜后主[3]还祠庙，日暮聊为《梁甫吟》[4]。

注释

①北极：北极星，比喻朝廷中枢。

②终不改：终究不能改，终于没有改。

③后主：刘备的儿子刘禅，三国时蜀国后主。

④《梁甫吟》：指情调哀伤的曲子。《三国志》说诸葛亮“躬耕陇亩，好为《梁甫吟》”。

金陵驿（其一）

［宋］文天祥

草合离宫[1]转夕晖，孤云飘泊复何依[2]？
山河风景元无异，城郭人民半已非。
满地芦花和我老，旧家燕子傍谁飞[3]？
从今别却江南路，化作啼鹃带血归。

注释

①离宫：古代皇帝出巡休息的地方。

②孤云飘泊复何依：指自己漂泊天涯，国破家亡，无所依傍。

③旧家燕子傍谁飞：化用刘禹锡“旧时王谢堂前燕，飞入寻常百姓家”句。

诉衷情[1]·当年万里觅封侯

［宋］陆游

当年万里觅封侯[2]，匹马戍[3]梁州。关河梦断何处？尘暗旧貂裘[4]。

胡未灭，鬓先秋[5]，泪空流。此生谁料，心在天山，身老沧洲。

注释

①诉衷情：词牌名。

②觅封侯：寻找建功立业以取得封侯的机会。

③戍：防守边疆。

④尘暗旧貂裘：貂皮裘上落满灰尘，颜色为之暗淡。这里借用苏秦典故，说自己不受重用，未能施展抱负。

⑤秋：秋霜，比喻年老鬓白。

文言古韵

国学经典，是古人留给我们的一杯清茶，品不尽人生的喜怒哀乐；是圣贤留给我们的一曲绝唱，唱不尽人性的是非善恶；是历史留给我们的一幅画卷，绘不尽人间的悲欢离合。诵读国学经典，让中华精神在我们的血脉中流淌；诵读国学经典，让民族文化支撑我们人格的脊梁；诵读国学经典，让天地大美撼动我们心灵的深处。

纪昌学射[1]

甘蝇[2]，古之善射者，彀弓而兽伏鸟下。弟子名飞卫，学射于甘蝇，而巧过其师。纪昌者，又学射于飞卫。飞卫曰："尔先学不瞬[3]，而后可言射矣。"

纪昌归，偃卧其妻之机下，以目承牵挺。二年之后，虽锥末倒眦，而不瞬也。以告飞卫。飞卫曰："未也，必学视而后可，视小如大，视微如著，而后告我。"

昌以牦悬虱于牖，南面而望之，旬日之间，浸大也；三年之后，如车轮焉。以睹余物，皆丘山也。乃以燕角之弧[4]，朔蓬之笋射之，贯虱之心而悬不绝。以告飞卫，飞卫高蹈拊膺曰："汝得之矣。"

注释

①选自《列子·汤问》。

②甘蝇：古代传说中善于射箭的人。

③不瞬：不眨眼。

④燕角之弧：燕国（燕地）牛角做的弓。

蜀鄙二僧①（节选）

［清］彭端淑

天下事有难易乎？为之，则难者亦易矣；不为，则易者亦难矣。人之为学有难易乎？学之，则难者亦易矣；不学，则易者亦难矣。

蜀之鄙，有二僧。其一贫，其一富。贫者语于富者曰：“吾欲之南海，何如？”富者曰：“子何恃②而往？”曰：“吾一瓶一钵足矣。”富者曰：“吾数年来，欲买舟而下，犹未能也。子何恃而往！”越明年，贫者自南海还，以告富者。富者有惭色。

西蜀之去南海，不知几千里也，僧之富者不能至而贫者至之。人之立志，顾不如③蜀鄙之僧哉？

注释

①选自《白鹤堂稿》。

②何恃：“恃何”的倒装。恃，凭借、依靠。

③顾不如：难道还不如。顾，难道。

师旷论学①

［西汉］刘向

晋平公问于师旷曰："吾年七十，欲学，恐已暮矣。"师旷曰："何不炳烛②乎？"平公曰："安有为人臣而戏其君乎？"师旷曰："盲臣安敢戏其君乎？臣闻之，少而好学，如日出之阳；壮而好学，如日中之光③；老而好学，如炳烛之明，孰与昧行乎？"平公曰："善哉！"

注释

①选自《说苑·建本》。

②炳烛：点烛，当时的烛只是火把，还不是后来的烛。

③日中之光：正午（强烈）的太阳光。

怀素写字①

怀素居零陵②时，贫无纸可书，乃种芭蕉万余株，以蕉叶供挥洒，名其庵③曰"绿天"。书不足，乃漆一盘书之，又漆一方板，书之再三，盘板皆穿。

注释

①选自《书林纪事》。怀素，唐代书法家，以"狂草"名世，史称"草圣"。

②零陵：地名，现湖南省境内。

③庵：书房、书斋，这里指住所。

歧路亡羊①

杨子之邻人亡羊，既率其党②，又请杨子之竖③追之。杨子曰：“嘻！亡一羊，何追者之众？”邻人曰：“多歧路。”既反，问：“获羊乎？”曰：“亡之矣。”曰：“奚亡之？”曰：“歧路之中又有歧焉。吾不知所之④，所以反也。”

注释

①选自《列子·说符》。

②党：旧时指亲族，现指朋友，有交情的人。

③竖：小僮，小听差。

④之：到……去。

破釜沉舟①（节选）

［西汉］司马迁

项羽已杀卿子冠军，威震楚国，名闻诸侯。乃遣②当阳君、蒲将军将卒二万渡河，救巨鹿。战少利，陈余复请兵。项羽乃悉③引兵渡河，皆沉船，破釜甑④，烧庐舍，持三日粮已示士卒必死，无一还心。于是至则围王离，与秦军遇，九战，绝其甬道，大破之，杀苏角，虏王离。

注释

①选自《史记·项羽本纪》。

②遣：派。

③悉：全部。

④釜甑（zèng）：皆古炊煮器名。

惊弓之鸟①

［西汉］刘向

更羸与魏王处京台之下，仰见飞鸟。更羸谓魏王曰："臣为王引弓虚发而下鸟。"魏王曰："然则射可至此乎？"更羸曰："可。"

有间②，雁从东方来，更羸以虚发而下之。魏王曰："然则射可至此乎？"更羸曰："此孽也。"王曰："先生何以知之？"对曰："其飞徐③而鸣悲。飞徐者，故疮痛也；鸣悲者，久失群也，故疮未息，而惊心未至也。闻弦音，引而高飞，故疮陨也。"

注释

①选自《战国策》。

②有间：片刻，有一会儿。

③徐：缓慢。

田忌赛马①

［西汉］司马迁

齐使者如梁，孙膑以刑徒阴②见，说齐使。齐使以为奇，窃③载与之齐。齐将田忌善而客待之。忌数与齐诸公子驰逐重射。孙子见其马足不甚相远，马有上、中、下辈。于是孙子谓田忌曰："君弟重射，臣能令君胜。"田忌信然之，与王及诸公子逐射千金。孙子曰："今以君之下驷[4]与彼上驷，取君上驷与彼中驷，取君中驷与彼下驷。"既驰三辈毕，而田忌一不胜而再胜，卒得王千金。于是忌进孙子于威王。威王问兵法，遂以为师。

注释

①选自《史记·孙子吴起列传》。

②阴：隐藏地，不露在外面地。

③窃：暗中；偷偷地。

④驷：一辆车的四匹马。

晏子使楚[1]

［春秋］晏子

晏子使[2]楚。以晏子短[3]，楚人为小门于大门之侧而延晏子。晏子不入，曰："使狗国者，从狗门入。今臣使楚，不当从此门入。"傧者更道，从大门入。

见楚王。王曰："齐无人耶？"晏子对曰："临淄三百闾，张袂成阴，挥汗成雨，比肩继踵而在，何为无人！"王曰："然则子何为使乎？"晏子对曰："齐命使，各有所主。其贤者使使贤王，不肖[4]者使使不肖王。婴最不肖，故直使楚矣！"

注释

①选自《晏子春秋》。

②使：出使，被派遣前往别国。

③短：长短，这里是人的身材矮小的意思。

④不肖：不贤，这里指没有德才的人。

孟母三迁①

邹孟轲之母，也号孟母。其舍近墓。孟子之少时，嬉游为墓间之事，踊跃筑埋。孟母曰：“此非吾所以居处子②也。”乃去，舍市傍。其嬉戏为贾人炫卖③之事。孟母又曰：“此非吾所以居处吾子也。”复徙居学宫之傍。其嬉游乃设俎豆，揖让进退④。孟母曰：“真可以居吾子矣。”遂居。及孟子长，学六艺，卒成大儒之名。君子谓孟母善以渐化。

注释

①选自《列女传·邹孟轲母》。

②处子：安顿二子。

③炫卖：沿街叫卖，夸耀。

④揖让进退：打躬作揖、进退朝堂等古代宾主相见的礼仪。揖，作揖。

六年级

六年级

四季时令·节气
传统节日·重阳
地名览胜·洛阳
山水田园·田园
名家名篇·辛弃疾
趣味生活·书画
深情厚谊·家国
文言古韵

四季时令·节气

二十四节气是中华民族千百年来智慧的结晶，通过观察太阳运行、日晷测量计算的方法，找到自然和气候在一年中的规律，慢慢地从这些规律中发现农作物和植物生长的特点，于是这也成了整个生命运转的节奏。让我们通过古诗，发现大自然的精彩和奥秘。

立春

[唐] 杜甫

春日春盘[①]细生菜，忽忆两京梅发时。
盘出高门行[②]白玉，菜传纤手送青丝。
巫峡寒江那对眼，杜陵远客[③]不胜悲。
此身未知归定处，呼儿觅纸一题诗。

注释

①春盘：古俗，立春日取韭菜、春饼等置于盘中作为食品，寓迎新之意，称“春盘”。

②行：赐予。

③杜陵远客：杜甫曾寄居长安杜陵东南之少陵原东，故称“杜陵远客”。

惊蛰家人子辈为易疏帘

[宋] 范成大

二分春色到穷阎①，儿女祈翁出滞淹。
幽蛰②夜惊雷奋地，小窗朝爽日筛帘。
惠风全解墨池冻，清昼剩翻云笈签。
亲友莫嗔③情话少，向来屏息似龟蟾。

注释

①穷阎：陋巷，穷人住的里巷。

②幽蛰：土中冬眠的虫类。喻草野或隐退之士。

③嗔：发怒，生气。

柳梢青①·花朝②春分

[清] 顾贞观

乍展芭蕉。欲眠杨柳，微谢樱桃。谁把春光，平分一半，最惜今朝。

花前倍觉无憀。任冷落、珠钿翠翘③。趁取春光，还留一半，莫负今朝。

注释

①柳梢青：词牌名。

②花朝：农历二月有花朝节。顾贞观写这首词时，花朝节和春分日刚好在同一天。

③翠翘：古代妇人首饰的一种，状似翠鸟尾上的长羽，故名。

立夏

[宋] 陆游

赤帜[①]插城扉，东君[②]整驾归。
泥新巢燕闹，花尽蜜蜂稀。
槐柳阴初密，帘栊暑尚微。
日斜汤沐[③]罢，熟练试单衣。

注释

①赤帜：红旗，用火红指代夏天。

②东君：传说中的太阳神。代指春天。

③汤沐：沐浴。

五绝·小满

[宋] 欧阳修

夜莺啼绿柳，皓月醒[①]长空。
最爱垄头麦[②]，迎风笑落红。

注释

①醒：明显、清楚。小满时节，天空澄澈，弯月挂空，也显得耀眼明朗。

②垄头麦：田垄前面的麦子。

夏至二首（其一）

［宋］范成大

李核垂腰祝饐①，粽丝系臂扶羸②。
节物③竞随乡俗，老翁闲伴儿嬉。

注释

①祝饐（yì）：同“祝噎”，一种古代对老人的礼节。指请年老致仕者饮酒吃饭，设置专人祷祝他们不哽不噎。

②扶羸：祈祷体弱多病的人身体安康。

③节物：应节的物品。

咏廿四①气诗·小暑六月节

［唐］元稹

倏忽②温风至，因循小暑来。
竹喧先觉雨，山暗已闻雷。
户牖③深青霭，阶庭长绿苔。
鹰鹯新④习学，蟋蟀莫相催。

注释

①廿（niàn）四：二十四。廿，二十。

②倏忽：忽然。

③户牖：门和窗。户，本指单扇的门，后亦用以作门的通称。

④新：这里是开始的意思。

立秋

[宋] 刘翰

乳鸦[①]啼散玉屏[②]空，一枕新凉[③]一扇风。
睡起秋风[④]无觅处，满阶梧叶月明中。

注释

①乳鸦：幼小的乌鸦。

②玉屏：颜色像玉一样的屏风。

③一枕新凉：指睡觉时刮来阵阵凉爽的秋风，给人一种清新的感觉。

④风：一作“声”。

立冬

[唐] 李白

冻笔[①]新诗懒写，寒炉美酒时温。
醉看墨花[②]月白，恍疑雪满前村。

注释

①冻笔：古人书写是用毛笔蘸墨汁，由于气温降低，笔头都冻僵了。

②墨花：指砚石上的墨渍花纹。

冬至

[宋] 王安石

都城开博路，佳节一阳生。
喜见儿童色，欢传[①]市井声。
幽闲[②]亦聚集，珍丽[③]各携擎。
却忆他年事，关商闭不行。

注释

①欢传：众声传说，哄传。
②幽闲：形容女子安详文雅。
③珍丽：珍奇艳丽之物。

传统节日·重阳

重阳节是中国传统节日，节期为每年农历九月初九。“九”在《易经》中为阳数，“九九”两阳数相重，故曰“重阳”；因日与月皆逢九，故又称为“重九”。让我们跟随诗人的脚步，去了解不一样的重阳节吧！

九月九日登玄武山

［唐］卢照邻

九月九日眺山川，归心归望积风烟[①]。
他乡共酌金花酒[②]，万里同悲鸿雁天[③]。

注释

①积风烟：极言山川阻隔，风烟弥漫。
②金花酒：菊花酒。菊花色黄，称“黄花”，又称“金花”。
③鸿雁天：鸿雁飞翔的天空。

蜀中九日

［唐］王勃

九月九日望乡台[①]，他席[②]他乡送客杯。
人情已厌南中[③]苦，鸿雁那从北地来。

注释

①望乡台：古代出征或流落在外乡的人，往往登高台眺望家乡，这种台被称为“望乡台”。

②他席：别人的酒席。这里指为友人送行的酒席。

③南中：南方，这里指今四川省一带。

九日龙山[①]饮

［唐］李白

九日龙山饮，黄花笑逐臣[②]。
醉看风落帽，舞爱月留人。

注释

①龙山：在安徽省马鞍山市当涂县南十里，蜿蜒如龙，盘溪而卧，故名。

②逐臣：被贬斥、被驱逐的臣子，这里为诗人自称。

行军九日思长安故园

［唐］岑参

强[①]欲登高去，无人送酒来。
遥怜故园菊，应傍[②]战场开。

注释

①强：勉强。

②傍：靠。

重阳席上赋白菊

［唐］白居易

满园花菊郁金黄①，中有孤丛②色似霜。
还似今朝歌酒席，白头翁③入少年场。

注释

①郁金黄：用郁金草染成的黄颜色，也泛指黄色，这里形容黄色的菊花似黄金一样。

②孤丛：花丛中孤独的一丛。

③白头翁：诗人自称。

九日齐山登高

［唐］杜牧

江涵秋影雁初飞，与客携壶上翠微①。
尘世难逢开口笑，菊花须插满头归。
但将酩酊酬佳节，不用登临②恨落晖。
古往今来只如此，牛山何必独沾衣。

注释

①翠微：这里代指山。

②登临：登山临水或登高临下，泛指游览山水。

九日

[唐] 李白

今日云景好，水绿秋山明。
携壶酌流霞[①]，搴菊[②]泛寒荣。
地远松石古，风扬弦管清。
窥觞照欢颜，独笑还自倾。
落帽醉山月，空歌怀友生。

注释

①流霞：仙人所饮，每饮一杯，数月不饥。此指美酒。

②搴（qiān）菊：以手折取菊花。搴，摘取。

鹧鸪天·寻菊花无有戏作

[宋] 辛弃疾

掩鼻人间臭腐场。古来惟有酒偏香。自从归住云烟畔[①]，直到而今歌舞忙。

呼老伴，共秋光。黄花何事避重阳。要知烂熳[②]开时节，直待西风一夜霜。

注释

①云烟畔：云烟缭绕的山边，这里指词人闲居的乡间别墅。

②烂熳：同“烂漫”。

折桂令①·九日

[元] 张可久

对青山强整乌纱②。归雁横秋，倦客思家。翠袖殷勤，金杯错落③，玉手琵琶。人老去西风白发，蝶愁来明日黄花。回首天涯，一抹斜阳，数点寒鸦。

注释

①折桂令：曲牌名。

②对青山强整乌纱：化用孟嘉落帽的故事，晋桓温于九月九日在龙山宴客，风吹孟嘉帽落，他泰然自若，不以为意。

③金杯错落：各自举起酒杯。金杯，黄金酒杯。错落，参差相杂。

秋登兰山寄张五

[唐] 孟浩然

北山白云里，隐者自怡悦。
相望①试登高，心随雁飞灭。
愁因薄暮②起，兴是清秋发。
时见归村人，沙行渡头歇。
天边树若荠，江畔洲如月。
何当载酒来，共醉重阳节。

注释

①相望：互相遥望。

②薄暮：傍晚，太阳快落山的时候。

地名览胜·洛阳

承千年文化底蕴，载十三朝帝都辉煌。走进洛阳的历史，仿佛还能听到隋唐洛阳城定鼎门的铜驼声声。“立洛河之阳，居天下之中”，自夏朝起，洛阳便先后有十三个王朝在此建都。

在漫长的历史长河中，洛阳有过繁华似锦，也有过衰落，如今我们依然能从诗词中窥见洛阳曾经的繁华与落寞。

看花四绝句（其一）

［宋］司马光

洛阳相望尽名园，墙外花胜墙里看。
手摘青梅共按酒[①]，何须一一具[②]杯盘。

注释

①按酒：下酒。
②具：具有，具备。

贾生二首（其一）

［宋］王安石

汉有洛阳子，少年明[①]是非。
所论多感概，自信肯依违[②]。

死者若可作③，今人谁与归？
应须蹈东海，不但涕沾衣。

注释

①明：明辨。
②依违：模棱两可。
③作：复生。

洛阳春吟

［宋］邵雍

四方①景好无如②洛，一岁花奇莫若春。
景好花奇精妙处，又能分付③与闲人。

注释

①四方：各个地方。
②如：比不上。
③分付：交付。

游龙门奉先寺

［唐］杜甫

已从招提游，更宿招提境。
阴壑①生虚籁②，月林散清影。
天阙象纬逼，云卧衣裳冷。
欲觉闻晨钟，令人发深省。

注释

①阴壑：山北的幽谷。

②虚籁：指风声。

洛阳城外别皇甫湜

［唐］李贺

洛阳吹别风，龙门[1]起断烟。
冬树束生涩，晚紫[2]凝华天。
单身野霜上，疲马飞蓬间。
凭轩一双泪，奉坠绿衣[3]前。

注释

①龙门：在今河南洛阳南。

②晚紫：紫色晚霞。

③绿衣：唐代官制，七品以上着绿服。时皇甫为侍御史。

四望楼

［唐］曹邺

背山见楼影，应合与山齐。
座上[1]日已出，城中未鸣鸡。
无限燕赵女，吹笙上金梯。
风起洛阳东，香过洛阳西。
公子长夜醉，不闻子规[2]啼。

注释

①座上：形容四望楼之高。地高则望远，故能较早望见朝日。

②子规：杜鹃鸟。俗传杜鹃啼叫常出血而不止。此以杜鹃悲啼喻百姓在水深火热中呼号哭泣。

过故洛阳城

［宋］司马光

烟愁雨啸黍华生，宫阙①簪裳②旧帝京。
若问古今兴废事，请君只看洛阳城。

注释

①宫阙：指古时帝王所居住的宫殿，因宫门外有双阙，故称“宫阙”。

②簪裳：冠簪和章服。

洛阳桥

［宋］汪元量

日西①来到洛阳城，下马桥边信步②行。
红紫已无花烂漫，青黄只有草纵横。
风吹渭水秋砧急，月满秦川夜柝清。
我醉欲眠眠不得，更听人唱楚歌声。

注释

①日西：太阳落山。

②信步：漫步，随意行走。

洛桥晚望

[唐] 孟郊

天津桥[1]下冰初结，洛阳陌上人行绝。
榆柳萧疏[2]楼阁闲，月明直见嵩山[3]雪。

注释

①天津桥：洛桥，在今河南省洛阳市西郊洛水之上。

②萧疏：形容树木叶落。

③嵩山：位于河南省西部，今河南省登封市西北，是五岳中的中岳。

上洛桥

[唐] 李益

金谷园中柳，春来似舞腰[1]。
何堪[2]好风景，独上洛阳桥。

注释

①舞腰：纤细的腰肢。

②何堪：怎堪，怎么禁受。

山水田园·田园

中国古代的田园诗指歌咏田园生活的诗歌，多以农村景物和农民、牧人、渔夫等的劳动为题材。东晋大诗人陶渊明开创了田园诗体后，唐宋等诗歌中的田园诗便主要变成了隐居不仕的文人和从官场退居田园的仕宦者们所作的以田园生活为描写对象的诗歌。

乡野田间、白云飞鸟、鸡鸣虫叫、袅袅炊烟……时光不紧不慢，生活无聒无噪，这大概是最令人向往的生活了。

新晴野望

［唐］王维

新晴[1]原野旷，极目[2]无氛垢。
郭门临渡头，村树连溪口。
白水明田外，碧峰出山后。
农月[3]无闲人，倾家事南亩。

注释

①新晴：初晴。

②极目：穷尽目力向远处看。

③农月：农忙季节。

稻田

[唐] 韦庄

绿波春浪满前陂[1]，极目连云䆉䅉[2]肥。
更被鹭鸶千点雪[3]，破烟来入画屏飞。

注释

①前陂：前面的池塘。

②䆉䅉（bà yà）：水稻的别称。

③千点雪：白色鹭鸶落入绿色水田中，如同千点雪花一样。

归园田居（其三）

[晋] 陶渊明

种豆南山[1]下，草盛豆苗稀[2]。
晨兴[3]理荒秽[4]，带月荷锄[5]归。
道狭[6]草木长，夕露沾我衣。
衣沾[7]不足[8]惜，但使愿无违。

注释

①南山：指庐山。

②稀：稀少。

③兴：起床。

④荒秽：荒，形容词作名词，指豆苗里的杂草。秽，肮脏。这里指田中杂草。

⑤荷锄：扛着锄头。荷，扛着。

⑥狭：狭窄。
⑦沾：（露水）打湿。
⑧足：值得。

饮酒

［晋］陶渊明

结庐[1]在人境[2]，而无车马喧[3]。
问君何能尔[4]？心远地自偏。
采菊东篱下，悠然见南山。
山气日夕佳，飞鸟相与还。
此中有真意，欲辨已忘言[5]。

注释

①结庐：建造屋子。
②人境：人间，人类居住的地方。
③喧：喧嚣声。
④尔：如此，这样。
⑤忘言：忘了如何用语言表达。

辛夷坞

［唐］王维

木末芙蓉花[1]，山中发红萼[2]。
涧户[3]寂无人，纷纷开且落。

注释

①木末芙蓉花：木末，树梢。芙蓉花，指辛夷花。

②红萼：花萼，花的组成部分之一，由若干片状物组成，包在花瓣外面，花开时托着花瓣。

③涧户：山涧口，山溪口。

春中①田园作

［唐］王维

屋上春鸠鸣，村边杏花白。
持斧伐远扬，荷锄觇②泉脉③。
归燕识故巢，旧人看新历。
临觞忽不御，惆怅远行客。

注释

①春中：农历二月。

②觇（chān）：探测，察看。

③泉脉：地下的泉水。

终南山

［唐］王维

太乙近天都①，连山到海隅②。
白云回望合，青霭③入看无。
分野中峰变，阴晴众壑殊。
欲投人处宿，隔水问樵夫。

注释

①天都：天帝所居，这里指帝都长安。

②海隅：海边。终南山并不到海，此为夸张之词。

③青霭：山中的雾气。霭，云气。

春庄

[唐] 王勃

山中兰叶径，城外李桃园。
岂知[1]人事静，不觉鸟声喧[2]。

注释

①岂知：哪里知道。

②喧：喧闹。

田舍[1]

[唐] 杜甫

田舍清江曲，柴门古道旁。
草深迷市井，地僻懒衣裳。
榉柳[2]枝枝弱，枇杷树树[3]香。
鸬鹚[4]西日照，晒翅满鱼梁。

注释

①田舍：农家茅舍，这里指杜甫的草堂。

②榉柳：一作“杨柳”。

③树树：一作“对对”。

④鸬鹚：水鸟，蜀人以之捕鱼。

首夏山中行吟

[明] 祝允明

梅子青，梅子黄，菜肥麦熟养蚕忙。
山僧过岭看茶老[①]，村女当垆[②]煮酒香。

注释

①茶老：茶叶生长的情况。

②当垆：对着酒垆，在酒垆前。

名家名篇·辛弃疾

他，文能挥笔填词，武能上马杀敌；他，被称为“词中之龙”；他，一生赤子，追求收复山河；他，是与苏轼齐名的豪放派词人；他，是辛弃疾。辛弃疾一生怀着赤子之心，想要收复失地，恢复旧山河，却一生未能如愿，死前依然含恨，可悲可叹。斯人已逝，唯有他的词作依然流传，诉说着他的梦想与悲伤。

破阵子[①]·为陈同甫赋壮词以寄之

［宋］辛弃疾

醉里[②]挑灯[③]看剑[④]，梦回吹角连营。八百里分麾下炙，五十弦翻塞外声，沙场秋点兵。

马作的卢飞快，弓如霹雳弦惊。了却君王天下事，赢得生前身后名。可怜白发生！

注释

①破阵子：词牌名。

②醉里：醉酒之中。

③挑灯：拨动灯火，点灯。

④看剑：查看宝剑。意指准备上战场杀敌。说明词人即使在醉酒之际也不忘抗敌。

丑奴儿[1]·书博山[2]道中壁

[宋] 辛弃疾

少年[3]不识[4]愁滋味，爱上层楼。爱上层楼，为赋新词强说愁。

而今识尽[5]愁滋味，欲说还休。欲说还休，却道“天凉好个秋”！

注释

①丑奴儿：词牌名，又名“采桑子”。

②博山：在今江西省广丰区西南。因状如庐山香炉峰，故名。

③少年：年轻的时候。

④不识：不懂，不知道什么是。

⑤识尽：尝够，深深懂得。

青玉案·元夕[1]

[宋] 辛弃疾

东夜放花千树[2]，更吹落、星如雨。宝马雕车香满路。凤箫声动，玉壶光转，一夜鱼龙舞。

蛾儿雪柳黄金缕，笑语盈盈暗香去。众里寻他千百度。蓦然回首，那人却在，灯火阑珊处。

注释

①青玉案：词牌名。元夕：夏历正月十五日为上元节，元宵节，此夜称元夕或元夜。

②“东风”句：形容元宵夜花灯繁多。花千树，花灯之多如千树开花。

贺新郎①·云卧衣裳冷

［宋］辛弃疾

云卧②衣裳冷。看萧然③、风前月下，水边幽影。罗袜尘生凌波去，汤沐烟波万顷。爱一点、娇黄成晕。不记相逢曾解佩，甚多情、为我香成阵。待和泪，收残粉。

灵均千古怀沙恨。恨当时、匆匆忘把，此仙题品。烟雨凄迷僝僽④损，翠袂摇摇谁整。谩写入、瑶琴幽愤。弦断招魂无人赋，但金杯的皪⑤银台润。愁殢酒⑥，又独醒。

注释

①贺新郎：词牌名。

②云卧：高卧于云雾缭绕之中，谓隐居。

③萧然：空寂，萧条。

④僝僽（chán zhòu）：埋怨、愁苦。

⑤皪（lì）：明亮、鲜明。

⑥殢（tì）酒：醉酒。

感皇恩①·滁州寿范倅

［宋］辛弃疾

春事到清明，十分花柳。唤得笙歌②劝君酒。酒如春好，春色年年依旧。青春元不老，君知否？

席上看君，竹清松瘦。待与青春斗[3]长久。三山归路，明日天香襟袖。更持金盏起，为君寿。

注释

①感皇恩：词牌名。

②笙歌：泛指奏乐唱歌。

③斗：比赛，争胜。

永遇乐[1]·京口[2]北固亭怀古

［宋］辛弃疾

千古江山，英雄无觅，孙仲谋处。舞榭歌台，风流总被，雨打风吹去。斜阳草树，寻常巷陌，人道寄奴曾住。想当年，金戈铁马，气吞万里如虎。[3]

元嘉草草，封狼居胥，赢得仓皇北顾。四十三年，望中犹记，烽火扬州路。可堪回首，佛狸祠下，一片神鸦社鼓。凭谁问，廉颇老矣，尚能饭否？

注释

①永遇乐：词牌名。

②京口：古城名，即今江苏省镇江市。因临京岘山、长江口而得名。

③想当年，金戈铁马，气吞万里如虎：刘裕曾两次领兵北伐，收复洛阳、长安等地。金戈，用金属制成的长枪。铁马，披着铁甲的战马。这里指代精锐的部队。

南乡子①·登京口北固亭有怀

［宋］辛弃疾

何处望②神州③？满眼风光北固楼。千古兴亡④多少事？悠悠⑤。不尽长江滚滚流。

年少万兜鍪⑥，坐断东南战未休。天下英雄谁敌手？曹刘。生子当如孙仲谋。

注释

①南乡子：词牌名。
②望：眺望。
③神州：这里指中原地区。
④兴亡：指国家兴衰，朝代更替。
⑤悠悠：形容漫长、久远。
⑥兜鍪（móu）：古代作战时戴的盔。这里指代士兵。

摸鱼儿①·更能消几番风雨

［宋］辛弃疾

淳熙己亥，自湖北漕②移湖南，同官王正之置酒小山亭，为赋。

更能消③、几番风雨，匆匆春又归去。惜春长怕花开早，何况落红无数。春且住，见说道、天涯芳草无归路。怨春不语。算只有殷勤，画檐蛛网，尽日惹飞絮。

长门事，准拟佳期又误。蛾眉曾有人妒。千金纵买相如赋，脉脉此情谁诉？君莫舞，君不见、玉环飞燕皆尘土！闲愁最苦！休去倚危栏，斜阳正在，烟柳断肠处。

注释

①摸鱼儿：词牌名。

②漕：漕司的简称，指转运使。

③消：经受。

水龙吟[1]·登建康[2]赏心亭

［宋］辛弃疾

楚天千里清秋，水随天去秋无际。遥岑[3]远目，献愁供恨，玉簪螺髻。落日楼头，断鸿声里，江南游子。把吴钩看了，栏杆拍遍，无人会，登临意。

休说鲈鱼堪脍，尽西风，季鹰归未？求田问舍，怕应羞见，刘郎才气。可惜流年，忧愁风雨，树犹如此！倩何人唤取，红巾翠袖，揾英雄泪！

注释

①水龙吟：词牌名。

②建康：今江苏南京。

③遥岑：远山。

鹧鸪天·有客慨然谈功名因追念少年时事戏作

［宋］辛弃疾

壮岁旌旗拥万夫，锦襜[1]突骑渡江初。燕兵夜娖[2]银胡觮[3]，汉箭朝飞金仆姑。

追往事，叹今吾，春风不染白髭须[4]。却将万字平戎策，换得东家种树书。

注释

①锦襜（chān）：锦制的衬托马鞍的坐垫。

②娖（chuò）：整理。

③银胡簶（lù）：银色或镶银的箭袋。

④髭（zī）须：胡子。

趣味生活·书画

从古至今，书画以其美妙的形式表达着中华文化丰富多样的内涵，书画的古诗拥有深厚的文化内涵，推荐文人墨客、书法大家及各朝文化的代表古诗，让我们正确地认识古代文化及拓宽我们的视野。

金陵晚望

［唐］高蟾

曾伴浮云归晚翠①，犹陪落日泛秋声。
世间无限丹青手②，一片伤心画不成。

注释

①晚翠：日暮时苍翠的景色。
②丹青手：画家。

柯敬仲墨竹

［明］李东阳

莫将画竹论难易，刚①道繁难简更难。
君看萧萧②只数叶，满堂风雨不胜③寒。

注释

①刚：偏要。

②萧萧：稀疏的样子。

③不胜（shēng）：禁不起。

书

［唐］李峤

削简[①]龙文[②]见，临池鸟迹舒。
河图[③]八卦出，洛范九畴初。
垂露春光满，崩云骨气余。
请君看入木，一寸乃非虚。

注释

①削简：古时削薄竹木成片，用以书写。后用以泛称书写、撰述。

②龙文：喻雄健的文笔。

③河图：儒家关于《周易》卦形来源的传说。

次韵刘贡父题文潞公草书

［宋］苏辙

鹰扬不减少年时，墨作龙蛇[①]纸上飞。
应笑学书心力尽，临池写遍未裁[②]衣。

注释

①龙蛇：龙舞盘蛇。

②裁：裁剪。

题①竹兰诗

［清］郑燮

日日临池把墨研，何曾粉黛②春争妍。
要知画法通书法，兰竹如同草隶然。

注释

①题：书写。
②粉黛：泛指画作上的色彩。

论书绝句三十首（其十一）

［清］王文治

墨池①笔冢②任纷纷，参透③书禅未易论。
细取孙公《书谱》④读，方知渠是过来人。

注释

①墨池：洗笔砚的池子。
②笔冢：书法家埋藏废笔的处所。
③参透：透彻地领悟。
④《书谱》：初唐时期杰出书法家孙过庭的书论。

画松

［唐］景云

画松一似真松树，且待寻思记得无①？
曾在天台山②上见，石桥南畔第三株。

注释

①无：疑问词，吗。

②天台山：在浙江省中东部，是甬江、曹娥江和灵江的分水岭。主峰华顶山在天台县城东北，多悬崖、峭壁、飞瀑、林泉之胜，石梁瀑布最为著名。

醉后赠张九旭

［唐］李颀

张公性嗜酒，豁达无所营。
皓首①穷草隶，时称太湖精。
露顶据②胡床，长叫三五声。
兴来洒素壁，挥笔如流星。

注释

①皓首：白头。

②据：靠着。

山居杂诗九十首（其三十五）

［宋］曹勋

画工作江梅，粉绘良自夸。
吾侪晕澹墨，一枝才数花。
风情意自足①，横斜不可加。
须知自古来，画家须②诗家。

注释

①自足：自我满足。

②须：必须。

题王叔明《岩居高士图》

［元］倪瓒

临池学书王右军①，澄怀观道宗少文②。
王侯笔力能扛鼎，五百年来无此君。

注释

①王右军：东晋书法家王羲之。

②宗少文：宗炳，字少文，南朝宋代画家，平生喜观漫游山水，将所见景物图于壁上，自称“澄怀观道，卧以游之”。

深情厚谊·家国

家国情怀是中国优秀传统文化的基本内涵之一。《孟子》有言："天下之本在国，国之本在家，家之本在身。"家是最小国，国是千万家，每个人的生命体验都与家国紧密相连。"知责任者，大丈夫之始也；行责任者，大丈夫之终也。"责任和担当，乃是家国情怀的精髓所在。当我们专注于亲情眷念、自我圆满，不应忘了民生之疾苦同样关乎自我之荣辱。"亦余心之所善兮，虽九死其犹未悔。"精神有了归属，生命就有意义。家国情怀是一股永不衰竭的精神涌流，有了它的丰润，我们必能描绘大写的人生，成就不凡的意义。

满江红

[宋] 岳飞

怒发冲冠[①]，凭栏处，潇潇[②]雨歇。抬望眼，仰天长啸[③]，壮怀激烈。三十功名尘与土，八千里路云和月。莫等闲[④]，白了少年头，空悲切！

靖康耻，犹未雪。臣子恨，何时灭？驾长车，踏破贺兰山缺！壮志饥餐胡虏肉，笑谈渴饮匈奴血。待从头，收拾旧山河，朝天阙！

注释

①怒发冲冠：气得头发竖起，以至于将帽子顶起。形容愤怒至极。

②潇潇：形容雨势急骤。

③长啸：感情激动时撮口发出清而长的声音，为古人一种抒情的举动。

④等闲：轻易，随便。

望蓟门[1]

［唐］祖咏

燕台一望客心惊，笳[2]鼓喧喧汉将营。
万里寒光生积雪，三边曙色动危旌。
沙场烽火连胡月，海畔云山拥蓟城。
少小虽非投笔吏[3]，论功还欲请长缨。

注释

①蓟门：在今北京西南，唐时属范阳道，是唐朝屯驻重兵之地。

②笳：汉代流行于塞北和西域的一种类似于笛子的管乐器，此处代指号角。

③投笔吏：汉人班超家贫，常为官府抄书以谋生，曾投笔叹曰："大丈夫当立功异域以取封侯，安能久事笔砚间。"后终以功封定远侯。

扬子江

［宋］文天祥

几日随风北海[1]游，回从[2]扬子大江头。
臣心一片磁针石，不指南方不肯休。

注释

①北海：这里指北方。

②回从：曲意顺从。

水调歌头·把酒对斜日

［宋］杨炎正

把酒对斜日，无语问西风。胭脂何事[①]，都做颜色染芙蓉。放眼暮江千顷，中有离愁万斛，无处落征鸿。天在阑干角，人倚醉醒中。

千万里，江南北，浙西东。吾生如寄，尚想三径菊花丛。谁是中州豪杰，借我五湖舟楫[②]，去作钓鱼翁。故国且回首，此意莫匆匆。

注释

①何事：为什么。

②五湖舟楫：传说范蠡助越灭吴后弃官归隐，泛舟于五湖之上。

关山月

［唐］李白

明月出天山，苍茫云海间。
长风几万里，吹度玉门关。
汉下白登道，胡[①]窥[②]青海湾[③]。
由来[④]征战地，不见有人还。
戍客[⑤]望边色[⑥]，思归多苦颜。
高楼当此夜，叹息未应闲。

注释

①胡：此指吐蕃。
②窥：有所企图，窥伺，侵扰。
③青海湾：今青海省青海湖，湖因青色而得名。
④由来：自始以来，历来。
⑤戍客：征人。驻守边疆的战士。
⑥边色：一作“边邑”。

菩萨蛮[1]·书江西造口壁

［宋］辛弃疾

郁孤台[2]下清江[3]水，中间多少行人泪。西北望长安，可怜无数山。

青山遮不住，毕竟东流去。江晚正愁余[4]，山深闻鹧鸪[5]。

注释

①菩萨蛮：词牌名。
②郁孤台：今江西省赣州市城区西北部贺兰山顶，又称“望阙台”，因“隆阜郁然，孤起平地数丈”而得名。
③清江：赣江与袁江合流处，旧称“清江”。
④愁余：使我发愁。
⑤鹧鸪：鸟名。传说其啼声凄苦。

泊秦淮

［唐］杜牧

烟笼寒水月笼沙，夜泊秦淮近酒家。
商女[1]不知亡国恨，隔江犹唱后庭花[2]。

注释

①商女：以卖唱为生的歌女。

②后庭花：歌曲《玉树后庭花》的简称。南朝陈皇帝陈叔宝（陈后主）耽于声色，作此曲与后宫美女寻欢作乐，终致亡国，所以后世把此曲作为亡国之音的代表。

渔家傲·秋思

［宋］范仲淹

塞下秋来风景异，衡阳雁去①无留意。四面边声②连角③起，千嶂④里，长烟落日孤城闭。

浊酒一杯家万里，燕然未勒归无计。羌管悠悠霜满地，人不寐，将军白发征夫泪。

注释

①衡阳雁去："雁去衡阳"的倒语，指大雁离开这里飞往衡阳。相传北雁南飞，到湖南的衡阳为止。

②边声：各种带有边境特色的声响，如大风、号角、羌笛、马啸的声音。

③角：古代军中的一种乐器。

④千嶂：像屏障一般的群山。

春愁

［清］丘逢甲

春愁难遣强看山，往事惊心泪欲潸①。
四百万人②同一哭，去年今日③割台湾。

注释

①潸（shān）：流泪的样子。

②四百万人：指当时台湾人口（含闽、粤籍），约四百万人。

③去年今日：指1895年4月17日，清政府与日本签订丧权辱国的《马关条约》，将台湾割让给日本。

狱中题壁

［清］谭嗣同

望门投止[①]思张俭[②]，忍死[③]须臾[④]待杜根[⑤]。
我自横刀向天笑，去留肝胆两昆仑。

注释

①望门投止：望门投宿。

②张俭：东汉末年高平人，因弹劾宦官侯览，被反诬“结党”，被迫逃亡，在逃亡中凡接纳其投宿的人家，均不畏牵连，乐于接待。事见《后汉书·张俭传》。

③忍死：装死。

④须臾：不长的时间。

⑤杜根：东汉定陵人，汉安帝时邓太后摄政、宦官专权，其上书要求太后还政，太后大怒，命人以袋装之而摔死，行刑者慕杜根为人，不用力，欲待其出宫而释之。太后疑，派人查之，见杜根眼中生蛆，乃信其死。杜根终得以脱。事见《后汉书·杜根传》。

文言古韵

中华文化悠久灿烂，文言文言简意赅。文言文记录了我国悠久的历史和灿烂的文明，能帮助我们认识中华文化的丰厚博大，吸收民族文化智慧，树立文化自信。让我们跨越中华上下五千年的文化，感受文言文的魅力。

塞翁失马[①]

［西汉］刘安

近塞上[②]之人，有善术者，马无故亡而入胡。人皆吊之，其父曰：“此何遽[③]不为福乎？”居数月，其马将胡骏马而归。人皆贺之，其父曰：“此何遽不能为祸乎？”家富良马，其子好骑，堕而折其髀。人皆吊之，其父曰：“此何遽不为福乎？”居一年，胡人大入塞，丁壮者引弦而战。近塞之人，死者十九。此独以跛之故，父子相保。

注释

①选自《淮南子》。

②塞上：长城一带。塞，边塞。

③何遽：怎么就，表示反问。

小石潭记①

［唐］柳宗元

从小丘西行百二十步，隔篁竹②，闻水声，如鸣珮环③，心乐之。伐竹取道，下见小潭，水尤清冽④。全石以为底，近岸，卷石底以出，为坻，为屿，为嵁，为岩。青树翠蔓，蒙络摇缀，参差披拂。

潭中鱼可百许头，皆若空游无所依，日光下澈，影布石上。佁然不动，俶尔远逝，往来翕忽，似与游者相乐。

潭西南而望，斗折蛇行，明灭可见。其岸势犬牙差互，不可知其源。

坐潭上，四面竹树环合，寂寥无人，凄神寒骨，悄怆幽邃。以其境过清，不可久居，乃记之而去。

同游者：吴武陵，龚古，余弟宗玄。隶而从者，崔氏二小生：曰恕己，曰奉壹。

注释

①选自《永州八记》。

②篁竹：竹林。

③如鸣珮环：好像人身上佩带的佩环相碰击发出的声音。鸣，发出的声音。珮环，都是玉制的装饰品。

④水尤清冽：水格外清凉。尤，格外。清，清澈。冽，凉。

举目见日，不见长安[1]

［南北朝］刘义庆

晋明帝数岁，坐元帝膝上。有人从长安来，元帝问洛下[2]消息，潸然流涕[3]。明帝问何以致泣，具以东渡意告之。因问明帝："汝意谓长安何如日远？"答曰："日远。不闻人从日边来，居然可知。"元帝异之。明日，集群臣宴会，告以此意，更重问之。乃答曰："日近。"元帝失色，曰："尔何故异昨日之言邪？"答曰："举目见日，不见长安。"

注释

①选自《世说新语·夙惠》。

②洛下：洛阳，西晋时京都所在地。

③潸然流涕：不自觉地流下了眼泪。

陈太丘与友期[1]

［南北朝］刘义庆

陈太丘与友期行，期日中，过中不至，太丘舍去，去后乃至。元方时年七岁，门外戏。客问元方："尊君在不？"答曰："待君久不至，已去。"友人便怒曰："非人哉！与人期行，相委[2]而去。"元方曰："君与家君期日中。日中不至，则是无信；对子骂父，则是无礼。"友人惭，下车引之，元方入门不顾[3]。

注释

①选自《世说新语·方正》。

②委：丢下，舍弃。

③顾：回头看。

不食嗟来之食[1]

齐大饥。黔敖为食于路，以待饿者而食之。有饿者，蒙袂[2]辑屦[3]，贸贸然而来。黔敖左奉食，右执饮，曰："嗟[4]！来食！"扬其目而视之，曰："予唯不食嗟来之食，以至于斯也！"从而谢焉，终不食而死。

曾子闻之，曰："微与！其嗟也可去[5]，其谢也可食。

注释

①选自《礼记·檀弓下》。

②蒙袂：用衣袖遮着脸。袂，衣袖。

③辑屦：身体沉重迈不开步子的样子。辑，拖。屦，古代用麻、葛制成的鞋。

④嗟：语气词，带有轻蔑意味的呼唤声。

⑤去：离开。

说虎[1]

[明] 刘基

虎之力，于人不啻倍也。虎利其爪牙，而人无之，又倍其力[2]焉。则人之食于虎也，无怪矣。

然虎之食人不恒见，而虎之皮人常寝处之，何哉？

虎用力，人用智；虎自用其爪牙，而人用物。故力之用一[3]，而智之用百；爪牙之用各一，而物之用百。以一敌百，虽猛不必胜。

故人之为虎食者，有智与物而不能用者也。是故天下之用力而不用智，与自用而不用人者，皆虎之类也。其为人获而寝处其皮也，何足怪哉？

注释

①选自《郁离子》。

②又倍其力：它的力量又加倍了。

③力之用一：力量的功用只有一点。

曹冲称象[1]

［晋］陈寿

曹冲生[2]五六岁，智意[3]所及[4]，有若成人之智。时孙权曾致巨象，太祖欲知其斤重，访[5]之群下[6]，咸莫能出其理。冲曰："置象大船之上，而刻其水痕所至，称物以载之，则校可知。"太祖悦，即施行焉[7]。

注释

①根据《三国志·魏书·武文世王公传》改写。

②生：长到。

③智意：智谋。

④及：比得上。

⑤访：询问。

⑥群下：手下群臣。

⑦施行焉：按这办法做了。

当机立断[①]

［唐］李肇

渑池道中，有车载瓮，塞于隘路。属天寒，冰雪峻滑，进退不得。日向[②]暮，官私客旅群队，铃铎[③]数千，罗拥在后，无可奈何。有客刘颇者，扬鞭而至，问曰："车上瓮值几钱？"答曰："七八千。"颇遂开囊取缣[④]，立偿之。命僮仆登车，断其结络[⑤]，悉推瓮于崖下。须臾，轻车得进，群噪而前。

注释

①选自《唐国史补》。

②向：接近。

③铃铎：代指车马。

④缣：丝织品，双丝的细绢。唐代钱帛通用，缣也用作货币。

⑤结络：捆扎瓦瓮的绳子。

包拯断牛[①]

［元］脱脱

包拯，字希仁，庐州合肥人也。始举进士，除大理评事，出[②]知建昌县。以父母皆老，辞[③]不就。得监和州税，父母又不欲行，拯即解官归养。后数年，亲继[④]亡，拯庐墓终丧，犹徘徊不忍去，里中父老数来劝勉。久之，赴调，知天长县。有盗割人牛舌者，主来诉。拯曰："第归，杀而鬻[⑤]之。"寻复有来告私杀牛者，拯曰："何为割牛舌而又告之？”盗惊服。

注释

①选自《宋史·包拯传》。

②出：出任。

③辞：推辞，辞官。

④继：相继。

⑤鬻：卖。

望洋兴叹[1]

［战国］庄子

秋水时[2]至，百川灌[3]河；泾流[4]之大，两涘渚崖之间，不辨牛马。于是焉，河伯欣然自喜，以天下之美为尽在己。顺流而东行，至于北海，东面而视，不见水端。于是焉，河伯始旋其面目，望洋向若而叹曰：“野语有之曰‘闻道百，以为莫己若’[5]者，我之谓也。且夫我尝闻少仲尼之闻，而轻伯夷之义者，始吾弗信。今我睹子之难穷也，吾非至于子之门，则殆矣。吾长见笑于大方之家。”

注释

①选自《庄子·秋水》。

②时：按季节。

③灌：注入。

④泾流：水流。

⑤莫己若：宾语前置，即莫若己，没有人比得上自己。